Quartier rouge

Michaël Fœssel

Quartier rouge

Le plaisir et la gauche

puf

Du même auteur

Récidive. 1938, Puf, 2019 ; « Quadrige », 2021.
L'Avenir de la liberté. Rousseau, Kant, Hegel, Puf, 2017.
La Nuit. Vivre sans témoin, Autrement, « Les grands mots », 2017.
Le Temps de la consolation, Seuil, « L'ordre philosophique », 2015.
Après la fin du monde. Critique de la raison apocalyptique, Seuil, « L'ordre philosophique », 2012.
Le Scandale de la raison. Kant et le problème du mal, Honoré Champion, « Champion Essais », 2010.
État de vigilance, Le Bord de l'eau, « Diagnostics », 2010 ; Seuil, « Points », 2016.
Kant et l'équivoque du monde, CNRS Éditions, 2008.
La Privation de l'intime, Seuil, « Débats », 2008.

ISBN 978-2-13-083425-0

Dépôt légal – 1re édition : 2022, février

170 bis, boulevard du Montparnasse, 75014 Paris

Pour Hannah

Avant-propos

Sommes-nous condamnés aux plaisirs bourgeois ?

Zola, du moins, ne le pensait pas. La scène se situe pendant la grève que les mineurs de Montsou déclenchent à la suite de la décision de la Compagnie des mines de baisser leurs salaires. Hennebeau, le directeur de la Compagnie, se promène au milieu des corons en révolte. C'est un dimanche, le seul jour de la semaine où, du moins quand il n'y a pas de grèves, le corps des mineurs n'est pas accaparé par le travail. Hennebeau traverse le paysage sans attrait des mines sur le dos d'une jument. Ce qu'il voit, il le voit donc de haut, conformément à sa position sociale. Pourtant, le spectacle qui s'offre à ses yeux bouleverse un instant sa conviction d'être du bon côté de la barrière.

> Encore des galants qui allaient, la bouche sur la bouche, prendre du plaisir derrière les murs. N'étaient-ce pas là ses rencontres habituelles, des filles culbutées au fond de chaque fossé, des gueux se bourrant de la seule joie qui ne coûtait rien. Et ces imbéciles se plaignaient de la vie, lorsqu'ils avaient, à pleines ventrées, cet unique bonheur de s'aimer ! Volontiers, il aurait crevé de faim comme eux,

> s'il avait pu recommencer l'existence avec une femme qui se serait donnée à lui sur des cailloux, de tous ses reins et de tout son cœur. Son malheur était sans consolation, il enviait ces misérables[1].

Le directeur a beau être à cheval, en cette circonstance, il ne parvient pas à trouver le moindre attrait dans la distance qui le sépare de ses employés. Il envie la liberté sexuelle des travailleurs de la mine, quand bien même celle-ci se paye du prix de la misère. Bien plus, il envie cette misère où il voit la cause de l'abandon des pauvres à une sensualité qui a l'avantage de la gratuité. Ceux qui ne possèdent rien, se dit-il, peuvent du moins se posséder entre eux. Peut-être parce qu'ils ont un sentiment moins vif d'être les propriétaires de leurs corps.

Hennebeau ne peut s'empêcher de comparer cette licence populaire à l'« ennui irrité » qui caractérise son ménage. Mme Hennebeau reproche à son mari de l'avoir contrainte à vivre sous le ciel bas des houillères, au milieu d'un confort sans événement. Alors qu'il la désire avec ardeur, elle se refuse à lui. La même cérémonie se rejoue quotidiennement, initiée par la concupiscence de l'époux et achevée dans le désaveu de l'épouse : « Chaque matin, il rêvait de la conquérir le soir ; puis, lorsqu'elle le regardait de ses yeux froids, lorsqu'il sentait que tout en elle se refusait, il évitait même de lui effleurer la main[2]. » Mme Hennebeau a pris un amant en l'a personne de Paul Negrel, le

1. Émile Zola, *Germinal*, Paris, Gallimard, « Folio », 1978, p. 398.
2. *Ibid.*, p. 303.

neveu de son mari. Dans sa demeure comme au cours de ses promenades dominicales, le directeur en est réduit à être le témoin de plaisirs auxquels il ne prend aucune part. Depuis des années, lui et sa femme ne partagent plus le même lit. Comparé aux ébats de ses employés, le luxe d'avoir une chambre à soi lui apparaît comme un supplice. Le bourgeois qui ne touche plus sa femme rêve de la promiscuité ouvrière.

Si Hennebeau voit des embrassades, leurs conclusions charnelles ont lieu derrière des murs, dans des fossés ou à l'abri de bosquets. Les plaisirs des travailleurs de la mine se dérobent à son regard, ce qui augmente encore sa convoitise. Dans une autre scène du roman, cette énergie libidinale se trouve plus traditionnellement renvoyée à la dissipation lubrique des pauvres. Venue demander l'aumône à un couple d'actionnaires de la mine, la Maheude (une travailleuse de Montsou) provoque chez ses hôtes un « sursaut indigné » lorsqu'elle leur avoue avoir sept enfants. « Sept enfants, mais pourquoi ? Bon Dieu ! [...]. La Maheude eut un geste vague d'excuse. Que voulez-vous ? On n'y songeait point, ça poussait naturellement[1]. »

Tout à son errance, Hennebeau ne recourt pas à ce genre d'explication des mœurs prolétaires en forme de condamnation morale. Il imagine les plaisirs des employés de la mine à partir de ce qu'il voit de leurs tendresses, non pas depuis ce qu'il fantasme de leur corruption. *Germinal* regorge pourtant de peintures de

1. *Ibid.*, p. 168. L'étymologie du mot « prolétaire » porte la trace de cette disponibilité sociale des corps : ne payant pas d'impôt, le prolétaire n'est utile à la cité, et ne peut survivre, que par sa « descendance » (*proles*, en latin).

la brutalité charnelle qui règne dans les corons. Mais, dans cette scène, la focale est déplacée. Le privilège économique avoue sa fragilité là où on ne l'attendait pas : pouvoir tout se payer, c'est se rendre inaccessible aux plaisirs qui ne « coûtent rien ».

Davantage que les descriptions de la bestialité humaine, le délire sensuel d'Hennebeau justifierait l'accusation de « pornographie » dont Zola fit régulièrement l'objet de la part des honnêtes gens. N'est-il pas obscène d'inverser la hiérarchie du riche et du pauvre en niant la morale qui justifie leur inégalité ? Les vertus de pudeur et de continence sont souvent citées comme des conquêtes bourgeoises en matière de morale sexuelle. Le directeur des mines est prêt à sacrifier cette bienséance pour pouvoir, lui aussi, faire l'amour « sur des cailloux ».

Le temps de ce périple à cheval, la honte a changé de camp. Hennebeau rentre chez lui « tête basse », accablé par les « longs bruits » venus du fond de la campagne et où il devine des « baisers »[1].

*

Dans cette scène, Zola ne rapproche pas la liberté amoureuse des mineurs de leur conscience politique. La sensualité des prolétaires semble même les éloigner de leurs combats : « Il tombait le plus souvent sur des amoureux, qui se moquaient de la politique et se bourraient de plaisir, dans les coins[2]. » C'est

1. *Ibid.*, p. 398.
2. *Ibid.*, p. 381.

encore Hennebeau qui parle ici, un personnage qui ne comprend pas que les mineurs luttent contre leur pauvreté, alors que celle-ci leur offre des jouissances dont ses privilèges le privent. Sur ce point, le directeur demeure fidèle à la morale bourgeoise que son désir avait ébranlée. Si les pauvres sont capables de tels plaisirs, se dit-il, ce ne peut être qu'en compensation de leurs vies de labeur. La liberté de leurs amours serait une manière de se rembourser d'une existence pleine de contraintes.

Si l'on devait en rester là, les plaisirs des travailleurs de la mine ne serviraient que de soupapes à leurs peines. Non seulement leur sensualité n'aurait aucune signification collective, mais elle serait un moyen de ne plus faire de politique. Déjà au XIXe siècle des socialistes austères voyaient dans les mœurs des prolétaires un obstacle à leur émancipation, comme si la moindre expérience de plaisir détournait les exploités de leurs véritables intérêts. À ce compte, les ébats des mineurs de Montsou seraient du temps perdu pour leur cause, une illusion de souveraineté qui masquerait l'aliénation de leurs corps.

Une tout autre lecture de cette scène est possible. Ce qui la rend plus difficile est que Zola mène sa description du point de vue d'Hennebeau : on ne saura rien de ce que les « galants » et les « galantes » saisissent du désarroi de leur directeur confronté à des plaisirs ignorés par sa classe sociale. S'ils avaient perçu ce regard envieux, ils y auraient peut-être lu une première victoire : la reconnaissance de *leur droit à avoir plus d'une seule vie, c'est-à-dire de posséder plus d'un seul corps*. Pour une fois, Hennebeau ne voit pas ses ouvriers comme des individus voués au labeur, il les considère comme des êtres capables d'allégresses : leurs corps cessent d'être assimilés à de la force de travail. Par-là, le plaisir des travailleurs de la mine a bien une dimension politique. Le directeur a baissé leur salaire au prétexte que le seul usage qu'ils auraient fait d'un peu de luxe réside dans l'alcoolisme. Pour la plupart des possédants de l'époque, le corps des ouvriers est celui d'une bête de somme. Ils sont présumés n'avoir besoin de rien de plus que de l'argent nécessaire à leur survie.

Parce qu'ils s'adonnent au plaisir, les employés de la mine ne voient pas leur patron. Cette même distraction confirme ce qu'il y a de politique dans la sensualité des ouvriers : elle leur permet pendant quelques heures d'expérimenter *une vie sans directeur*.

Les occupations d'usines de 1936 décrites par Simone Weil diffèrent du tout au tout des amours de Montsou excepté sur ce point : elles suspendent, sur le lieu du travail, l'oppression des hiérarchies :

> Indépendamment des revendications, cette grève est en elle-même une joie. Une joie pure. Une joie sans mélange. Joie de pénétrer dans l'usine avec l'autorisation souriante d'un ouvrier qui garde la porte. Joie de trouver tans de sourires, tant de paroles d'accueil fraternel [...]. Joie de parcourir librement ces ateliers où on était rivé sur sa machine, de former des groupes, de causer, de casser la croûte. Joie d'entendre au lieu du fracas impitoyable des machines, symbole si frappant de la dure nécessité sous laquelle on pliait, de la musique, des chants et des rires [...]. Joie de voir les chefs se faire familiers par force, serrer des mains, renoncer complètement à donner des ordres [...]. Joie

de vivre, parmi ces machines muettes, au rythme de la vie humaine[1].

Une lecture superficielle pourrait laisser croire que la joie des ouvrières métallos manque, elle aussi, de dimension politique. Elles ne chantent pas l'« *Internationale* » mais « des chansons, tout simplement, et c'est très bien »[2]. Il y a les revendications, certes, dont la victoire électorale du Front populaire permet d'espérer qu'elles seront satisfaites. Parmi elles, Simone Weil cite en particulier les congés payés : « Cela on en parle avec des yeux brillants, c'est une revendication que l'on n'arrachera plus du cœur de la classe ouvrière[3]. » Mais il y a autre chose que la victoire électorale et les revendications. Cette autre chose, c'est le plaisir proprement inespéré de transformer un lieu de servitude en un espace joyeux. Pour la première fois, et désormais pour toujours, « il flottera autour de ces lourdes machines d'autres souvenirs que le silence, la contrainte, la soumission. Des souvenirs qui mettront un peu de fierté au cœur, qui laisseront un peu de chaleur humaine sur tout ce métal[4] ».

1. Simone Weil, « La vie et la grève des ouvrières métallos », dans *Œuvres*, Paris, Gallimard, « Quarto », 1999, p. 166-167. Le fait que Simone Weil parle de « joie » plutôt que de plaisir n'est pas signifiant. Elle pense à ce que Platon appelait les « plaisirs purs », ceux qui ne sont pas liés à un désir qui les précède. Comme on va le voir, la joie des ouvrières est « pure » parce qu'elle ne résulte pas de la seule satisfaction de leurs revendications.
2. *Ibid.*, p. 167.
3. *Ibid.*, p. 168.
4. *Ibid.*, p. 167.

La joie dont parle Simone Weil n'est pas un retrait par rapport aux luttes politiques, mais un excès sans lequel ces luttes sont condamnées à une abstraction impuissante. Comme tout le monde, la philosophe a été surprise par l'ampleur et la rapidité des occupations d'usines en mai 1936. Que s'est-il passé qu'aucun politique ni aucun syndicaliste n'avaient prévu ou décidé ? Selon elle, une évidence sensible a surgi dont la victoire du Front populaire n'a été que l'occasion. « On pliait sous le joug. Dès que le joug s'est desserré, on a relevé la tête[1]. » Comme toute évidence, celle-ci se manifeste par une conscience d'impossibilité : les ouvriers ne pouvaient pas attendre. Attendre que Léon Blum devienne président du Conseil, que les syndicats et le patronat s'affrontent autour des revendications et que le gouvernement arbitre entre eux : ces délais appartiennent à la temporalité des organisations. On ne sait jamais à l'avance quel en sera le terme parce que le succès n'est déjà plus du ressort des gens. Les corps des ouvriers avaient trop plié et trop encaissé pour attendre encore. Ils se sont engouffrés dans la brèche aussitôt celle-ci ouverte. Le succès de leur propre audace (faire taire les machines, imposer le respect aux chefs, chanter dans un lieu organisé pour obtenir une obéissance silencieuse) est joyeux parce qu'il suspend la peur dont est tissé l'essentiel de la vie des pauvres.

« Si le gouvernement avait pu obtenir pleine et entière satisfaction par de simples pourparlers, on aurait été bien moins content[2]. » On sait par la correspondance de

1. *Ibid.*, p. 165.
2. *Ibid.*, p. 166.

Simone Weil que les responsables de la *Révolution prolétarienne*, la revue d'inspiration trotskiste qui a publié son article, ont accueilli son analyse avec circonspection[1]. Les plaisirs qu'elle décrit apparaissent suspects à ceux qui ne voient dans la politique qu'une organisation rationnelle du désir et privilégient pour cela les seules revendications. En déclenchant une grève générale, les ouvriers n'ont attendu ni les consignes, ni les réformes gouvernementales, ni le changement du système de production. Alors qu'aucune de leurs demandes n'était encore satisfaite, ni même formulée, ils ont investi leurs usines. Ils n'ont pas brisé les machines ce qui, aux yeux des militants de la *Révolution prolétarienne*, aurait au moins manifesté leur désir de transformer les conditions techniques de leur travail. Au lieu de tout cela, les grévistes ont été joyeux à l'endroit de leurs souffrances. Cela suffit à rendre leurs plaisirs politiquement équivoques à certains : que peut-on attendre d'un peuple en joie qui substitue ses jouissances présentes à ses projets d'avenir ?

C'est pourtant Simone Weil qui a raison. « L'avenir, dit-elle en conclusion de son article, il ne faut pas l'attendre, il faut le faire[2]. » À la différence du désir qui *imagine* un autre futur, le plaisir conquis sur l'ordre social *réalise* l'avenir, généralement à la grande surprise de ceux qui l'éprouvent. Sur ce point, les amours des mineurs de Montsou et les joies des ouvrières

1. Voir la lettre d'Albertine Thévenon à Simone Weil du 17 juin 1936, dans Simone Weil, *La Condition ouvrière*, Paris, Gallimard, « Folio », 2002, p. 264.

2. Simone Weil, « La vie et la grève des ouvrières métallos », *loc. cit.*, p. 169.

métallos sont identiques. Elles substituent l'expérience à l'attente, au risque, pour certains militants, de collaborer avec le monde tel qu'il est. Ces plaisirs sont pourtant aussi subversifs que les désirs de transformation sociale. Les patrons de 1936 l'ont compris, et garderont un souvenir terrifié des occupations d'usine. Comme on sait, ils supplièrent le gouvernement Blum de convaincre les représentants des ouvriers de revenir à la table des négociations, cédant sur des revendications dont, la veille de la grève générale, ils ne voulaient pas entendre parler. Tout leur semblait préférable à des occupations d'usines et à des usages des corps indifférents à leur droit de propriétaires. Certains d'entre eux ont peut-être éprouvé la même envie mêlée d'effroi que celle d'Hennebeau devant des plaisirs qui anticipent sur un avenir que les possédants ne seront plus les seuls à écrire.

*

Où en sommes-nous de la question politique des plaisirs ? Beaucoup hésiteraient, aujourd'hui, à placer dans les voluptés populaires la confiance qu'y mettaient Émile Zola ou Simone Weil. Ils auraient trop peur de rendre un hommage à la société de consommation. On prétend souvent que le capitalisme contemporain a homogénéisé le champ des allégresses et que le slogan de 1968 « Vivre sans temps morts et jouir sans entraves » a été le cheval de Troie libidinal du néolibéralisme. Soumis aux mêmes publicités, animés par la même soif de consommer, témoins d'une même imagerie sexuelle, les individus contemporains se ressembleraient par leurs plaisirs désormais intégralement formatés par le capitalisme. C'est pourquoi la jalousie du bourgeois découvrant la sensualité des prolétaires est devenue difficile à imaginer. Si, loin d'inventer des nouveaux plaisirs, les pauvres rêvent de jouir à la manière des riches, leur sensualité devient un argument en faveur du statu quo. En voyant les classes populaires s'enthousiasmer pour les mêmes séries qu'eux ou convoiter les mêmes marques, les privilégiés découvriraient une confirmation de leur mode de vie. Nos pauvres plaisirs nous auraient tous embourgeoisés.

Certes, il arrive encore que la sensualité soit abordée comme un principe de subversion politique, mais c'est le plus souvent sur le mode de la comédie. Dans *Le Nom des gens*[1], par exemple, Sara Forestier joue le rôle d'une jeune femme délurée qui couche avec des hommes de droite pour les convaincre qu'il y a davantage de joies dans le camp des partageux. L'héroïne mise sur le moment de l'orgasme pour opérer la conversion, convaincue qu'un plaisir intense persuadera ses amants que l'amour de la finance ou la haine des étrangers n'apportent qu'ennuis et frustrations. Sa méthode fonctionne jusqu'au jour où elle rencontre un jeune homme obsédé par le principe de précaution et terrorisé par la grippe aviaire. Convaincue qu'elle a affaire à un fasciste paranoïaque, elle découvre avec sidération que son nouveau partenaire vote pour le Parti socialiste. Avant qu'elle ne tombe amoureuse de ce réformiste austère, la jeune fille se demande si le

1. *Le Nom des gens*, Michel Leclerc, 2010.

plaisir n'a pas changé de camp et si la gauche contemporaine n'a pas choisi de militer pour la modération des sens et pour une nourriture équilibrée.

Ce livre reprend le problème là où ce film le laisse : faut-il, pour critiquer l'ordre social, refuser les plaisirs qu'il autorise ? Il remet en cause le diagnostic selon lequel les plaisirs auraient perdu leur caractère subversif en intégrant la société de consommation. Il ne s'agit pas de nier qu'au cours des dernières décennies nombre de dirigeants et d'intellectuels progressistes ont troqué leur « col Mao » contre un abonnement au « Rotary[1] ». Cet embourgeoisement, rien ne dit pourtant qu'il faille le mettre sur le dos des plaisirs que ces anciens gauchistes revendiquaient pendant leur jeunesse et qui les auraient finalement incités à aimer le monde tel qu'il est. Le plaisir et le confort dans la jouissance sont deux choses différentes : c'est le goût pour le second, et non la recherche du premier, qui explique les reniements politiques.

De même, et c'est beaucoup plus important, ce livre ne sous-estime pas l'importance prise dans nos vies par l'impératif de consommation. Il nie, en revanche, qu'avec cet impératif le marché se soit emparé des corps et des esprits au point de transformer l'individu

1. Je reprends ici le titre d'un livre de Guy Hocquenghem écrit contre ceux qu'il considère comme les renégats de 1968 (*Lettre ouverte à ceux qui sont passés du col Mao au Rotary*, Paris, Albin Michel, 1986). Hocquenghem est l'un des fondateurs, en 1971, du Front homosexuel d'action révolutionnaire (FHAR). C'est précisément parce qu'il n'a pas abandonné la croyance dans le potentiel subversif de la sexualité qu'il a critiqué le devenir mondain de ses anciens camarades.

en *homo œconomicus* jusque dans l'expérience de ses plaisirs. En plus de conférer au capitalisme la puissance quasi religieuse de s'incorporer à la pâte humaine (comment espérer, alors, le dépasser ailleurs que dans un avenir posthumain ?), nombre de critiques de la société de consommation ne font que reprendre la réduction utilitariste du plaisir à l'intérêt individuel. Loin d'être caractérisé par sa démesure, le plaisir ferait l'objet d'un calcul rationnel comparant les coûts et les bénéfices. Chaque fois qu'il trouverait un agrément dans le monde, le sujet serait confirmé dans ses prédictions : il a fait le bon investissement puisque le « retour » qu'il en retire le satisfait pleinement. À ce compte, il est vain d'espérer du plaisir qu'il remette en cause si peu que ce soit l'anthropologie néolibérale. Les seuls excès auxquels il nous exposerait encore seraient ceux que le capital promeut en matière d'accroissement du profit.

Sans entrer pour l'instant dans une discussion de la théorie utilitariste, il faut noter que son existence démontre à elle seule que le plaisir est un objet politique. Juger qu'il s'agit là d'un problème futile qui nous détourne des véritables dangers de l'heure (réchauffement climatique, explosion des inégalités sociales, atteintes à la démocratie), revient à ne pas voir que nombre de ces dangers découlent de l'injonction à gérer ses plaisirs comme on gère un capital : dans le but de les faire fructifier quoiqu'il en coûte à la nature, aux autres ou aux libertés. Pour faire face aux menaces auxquelles nous sommes confrontés, il ne suffit pas de s'en prendre à l'individu-consommateur en lui demandant de renoncer à ce qu'il possède, surtout lorsqu'il ne possède pas grand-chose. Il faut aussi défendre une conception du plaisir alternative à celle qui envisage l'usage des corps comme un problème économique. Ce livre veut être une contribution à cette approche alternative, il se présente donc comme un essai de philosophie consacré au plaisir. Mais ses motifs immédiats sont politiques : il est devenu urgent de réfléchir (à nouveau) sur la dimension émancipatrice du plaisir.

On prétend parfois que le plaisir n'est une question pour la gauche que dans des périodes d'abondance. Pour cette raison, elle ne serait plus adaptée aux économies de la rareté vers lesquelles, ne serait-ce que pour des raisons écologiques, nous devons désormais nous orienter. C'est l'inverse qui est vrai. Le fait que l'écologie soit souvent perçue comme punitive par les populations socialement défavorisées plaide, non pour un abandon du concept d'abondance, mais pour sa réélaboration hors de tout paradigme quantitatif (l'abondance définie par le nombre d'objets possédés). Plus généralement, l'objectif de partage égalitaire, sans lequel il n'y a ni pensée ni pratique de gauche, ne peut rester soustractif (« Il faut prendre aux riches »), il doit intégrer un partage positif des plaisirs sans lequel l'horizon d'une société plus juste cesse tout simplement d'être désirable.

Mais la raison principale pour laquelle la gauche ne peut faire l'économie d'une réflexion sur le rapport entre plaisir et politique réside dans les textes de Zola et de Simone Weil cités plus haut. Le plaisir, disent-ils chacun à leur manière, n'attend pas. Il se prend là où il se trouve, aux abords de la mine ou dans les usines, c'est-à-dire, pour ces auteurs comme pour nous, à l'intérieur des sociétés capitalistes. Le premier chapitre de ce livre montre pourquoi ce trait d'immanence explique la mauvaise réputation du plaisir chez un grand nombre de partisans de la transformation sociale. Comme le plaisir fait avec ce qui est déjà là (les biens disponibles et les modalités de leur échange), ils en concluent qu'il est d'essence conservatrice. La devise de l'hédonisme serait « Ce qui est pris n'est plus à prendre », en sorte que jouir dans un monde injuste trahirait toujours une compromission.

Les amours de Montsou et les joies de 1936 nous livrent un indice sur ce qu'il y a d'insatisfaisant dans ce genre de critiques. Le plaisir fait avec ce qui est là, c'est vrai, mais dans ce « faire » l'avenir cesse d'être seulement espéré, il commence ici et maintenant. La conscience d'avoir plus d'un seul corps (c'est-à-dire de n'être condamné ni au labeur ni au calcul des bénéfices) est une conscience incarnée. Nous montrerons que cette conscience est inséparable des expériences où le plaisir, loin d'être le ressort de l'individualisme consumériste, n'advient qu'en étant partagé.

L'impatience propre au plaisir explique un autre aspect de la dévalorisation politique dont ce sentiment fait l'objet aujourd'hui, en particulier à gauche de l'échiquier. Les appels à la sobriété consonnent avec un monde où, en raison de la crise écologique, la modération est présentée comme un impératif de survie. Le slogan « Jouir sans entraves » n'a pas seulement cessé d'être authentiquement progressiste parce qu'il a été récupéré par les publicitaires, mais aussi parce que les « entraves » sont désormais données dans une nature dont les ressources s'épuisent à vue d'œil. Militer pour des plaisirs infinis semble d'autant plus anachronique que la finitude du monde se vérifie dans la hausse vertigineuse des températures et que celle-ci s'explique en partie par notre soif de consommer.

Le deuxième chapitre distingue entre les politiques de la sobriété et les ascèses qui, trop souvent, les fondent. Pour ne prendre qu'un seul exemple : entre l'exigence d'une alimentation respectueuse des écosystèmes et l'ascèse végan, il existe un écart que l'on peut illustrer à partir de la notion de plaisir. La première envisage une modification de nos pratiques alimentaires certes dictée par l'état du monde, mais qui peut parfaitement être envisagée comme un réagencement heureux de nos goûts. La seconde repose sur un idéal moral de la perfection où la vérité et la justice dépendent d'une rationalisation puritaine de l'alimentation. Même réputée de gauche, l'ascèse demeure un vecteur de l'individualisme beaucoup plus puissant que l'hédonisme. Son injonction à nous rendre individuellement purs dans un monde qui ne l'est pas est rédhibitoire pour toute ambition collective.

Avant 1968, Roger Vailland se préoccupait déjà d'« empêcher les révolutionnaires d'être des pisse-froid[1] » Manifestée par un écrivain communiste et libertaire, cette inquiétude indique que la critique de l'ascèse n'est pas l'apanage des réactionnaires. Si l'ascèse progressiste est vouée à l'échec, c'est parce

1. Cité par Thomas Bouchet dans *Les Fruits défendus. Socialismes et sensualité du* XIX*e à nos jours*, Paris, Stock, 2014, p. 219.

que, comme toute ascèse, elle veut changer la vie en ayant renoncé à transformer le monde. L'hédoniste conservateur considère, lui, qu'il n'est souhaitable ni de changer la vie, ni de transformer le monde. À ses yeux, l'économie des plaisirs est un invariant anthropologique que seuls des fanatiques ont le désir de modifier.

Placé au centre de ce livre, un « Intermède » dressera le portrait de cet hédoniste conservateur qui défend d'autant plus le plaisir que le sien n'est gâché que par les revendications des féministes et les appels à la sobriété des défenseurs de la nature. C'est une vieille histoire, on le verra, que celle qui se rejoue aujourd'hui à la une de certains hebdomadaires de droite et sur les chaînes YouTube de jeunes virilistes. Historiquement, cette polémique est interne au camp des Lumières : la promotion du luxe par Voltaire et les Encyclopédistes contre l'austérité moralisante prêtée à Rousseau ; le goût pour la bonne chère et pour les femmes de Danton opposé à la vertu sacerdotale de Robespierre. De nos jours, la défense politique du plaisir a clairement viré à droite, à moins que la droite ne soit devenue voltairienne et dantoniste. Dans tous les cas, il s'avèrera utile de montrer pourquoi le plaisir n'épuise pas son sens dans sa confiscation par quelques-uns.

Une politique des plaisirs, cela a surtout voulu dire, à partir de la seconde moitié du XXe siècle, une politique de la sexualité. Il a fallu, pour cela, la convergence entre la psychanalyse (qui fait de la libido l'origine pulsionnelle de tous nos agréments) et l'entrée dans des économies de l'abondance (où les questions de la faim et de la soif se posent avec moins d'urgence). Ce livre ne traite de la sexualité pour elle-même que dans son troisième chapitre. Nous l'avons déjà entraperçu, le problème du plaisir se pose aujourd'hui à des niveaux qui n'impliquent pas seulement le sexe : le rapport entre plaisir et consommation, la possibilité de joies spécifiquement populaires, les questions liées à la nourriture. Pour autant, la sexualité occupe une place à part dans l'analyse du statut politique du plaisir, ne serait-ce que parce qu'elle est censée avoir fait l'objet d'une « révolution ». Ici encore, le bon vivant réactionnaire a beau jeu de prétendre que, comme toute révolution, celle-ci s'est abîmée dans la Terreur. Selon lui, la libération sexuelle, particulièrement celle des femmes, a mené à un système de suspicion généralisée (#MeToo), à des idées égalitaires devenues folles (adoption par les couples homosexuels, promotion de la PMA et de la GPA) ou à une misère endémique des corps (triomphe de la pornographie virtuelle). Plutôt que de considérer que l'on jouissait mieux avant la levée des tabous, nous nous demanderons en quel sens le plaisir sexuel demeure aujourd'hui ce qu'il était en 1968 : la promesse d'un événement qui brise l'ordre routinier promu par l'impératif de rendement.

On le voit, ce livre voudrait ouvrir une brèche dans la croyance selon laquelle nous serions revenus de tout en matière de plaisirs. Cette croyance est mortifère parce qu'elle est intimement liée à l'idée selon laquelle nous sommes aussi revenus de tout en matière de politique, et qu'il ne reste plus qu'à se consacrer à la gestion de l'existant. Il n'y aurait, alors, que deux attitudes possibles : accepter la domestication des corps par le consumérisme ou se consacrer à une protestation ascétique contre un monde injuste. Or, une troisième voie existe que le dernier chapitre de ce livre explore. Fidèle à la leçon de Simone Weil et des ouvrières métallos de 1936, cette voie n'accorde pas tout aux revendications, c'est-à-dire à l'imaginaire. Ce n'est pas l'imaginaire de gauche qui est en panne : la plupart des mesures socialement égalitaires continuent d'être plébiscitées par une majorité de la population. Ce qui est en souffrance, c'est l'articulation entre les imaginaires de justice et les expériences concrètes qui prouvent qu'une autre organisation de la société est possible.

Parmi ces expériences, le plaisir occupe une place centrale parce qu'il prouve, tout d'abord que le monde ne se réduit pas à la société, ensuite, que la société n'est pas vouée à la répression des corps. Ne rien dire du plaisir ou le renvoyer à la jouissance d'un Moi satisfait, c'est se vouer à la mélancolie, un affect dont on a pu penser, après tant d'échecs, qu'il était le seul qui convenait encore à la gauche. Devant l'imminence du désastre, et dans le but de le conjurer, il est temps de lui préférer les éclats de rire, le jeu ou toute autre forme d'allégresse susceptible de convaincre, malgré tout, que la fête n'est pas finie.

Chapitre premier

Un objet politique ?

« L'homme est le seul animal capable de réaliser ses désirs en changeant le monde. »

Raoul Vaneigem,
Le Livre des plaisirs

« Si je te comprends bien, l'idéal du prolo, c'est de fumer en buvant de l'alcool et de se payer des putes. »

La scène a lieu quelques mois avant l'élection présidentielle de 2017. Deux soutiens d'un candidat de gauche m'interrogent sur les sujets qui, selon moi, devraient être mis en avant dans leur campagne. N'ayant rien de particulier à redire sur les propositions économiques et institutionnelles dudit candidat, j'hésite. La rencontre a lieu au cours d'une soirée plutôt festive où l'on boit, on fume et on danse. Une telle atmosphère m'incite à me lancer sur un terrain où la gauche n'est plus attendue, et sur lequel il me semble qu'elle ferait bien de reparaître. Ma première suggestion, je la fais à moitié pour rire, sachant qu'aucun candidat à la présidence de la République ne la reprendra plus jamais à son compte : rétablir, pour les cafés et les bars qui le souhaitent, le droit d'accueillir les fumeurs. La seconde vise à renoncer à une proposition contenue dans le programme de ce candidat de gauche et que j'aurais voulu ne pas y voir figurer : la prohibition pure et simple de la prostitution.

La réplique cinglante sur les « prolos » vient d'une prudence de ma part. Conscient que le rétablissement de la cigarette dans les bars se heurterait non seulement à l'évidence sanitaire, mais à un argument culturel (« Voilà bien une idée de bobo parisien… »), j'avais pris l'exemple des cafés des zones périurbaines dont beaucoup ont dû fermer après l'interdiction du tabac, rivant les habitants de ces régions à leur télévision ou les obligeant à prendre leur voiture pour participer si peu que ce soit à la parade. Ce soir-là, j'avais aussi en tête les salles enfumées de *Vincent, François, Paul et les autres* de Claude Sautet, où des bourgeois sentimentaux refont le monde au milieu des Gitanes et des bouteilles de vin. Mais la plupart des bourgeois d'aujourd'hui ne fument plus, tandis que les pauvres, que la dureté de leurs vies rend moins solidaires du principe de conservation, ont davantage de mal à renoncer à une addiction devenue pourtant fort onéreuse. De là mon insistance sur ce qu'il y a d'hypocrite dans l'interdiction du tabac dans les lieux dévolus aux joies populaires : peut-on reprocher à ceux qui sont déjà contraints de compter chaque dépense de ne pas se comporter en toute occasion comme des êtres raisonnables soucieux de leur capital santé ?

La sentence du militant a eu raison de ma prudence. Certes, je n'ai jamais envisagé la cigarette, l'alcool et la compagnie des prostituées comme l'« idéal du prolo ».

J'aurais plutôt tendance à penser que l'idéal du prolo est de cesser de l'être. Ou, à tout le moins, de voir reconnue une certaine dignité à sa condition sociale. Avec la cigarette et la prostitution, j'abordais plutôt une question de fait. Jamais, avant le capitalisme, on n'a observé de société où les individus se comportent tous de manière hygiéniquement rationnelle. Ni de civilisation qui ait ignoré la possibilité de mêler le sexe et l'argent. La réaction de mes interlocuteurs me rappelait à une limite de mon imaginaire : ce qui n'a pas été possible avant le capitalisme, ne faut-il pas le revendiquer pour l'avenir ? N'est-il pas urgent d'imaginer un monde où l'aliénation au travail ne serait plus telle qu'elle exigerait des dérivatifs (l'alcool et la cigarette) destinés à rendre supportable l'insupportable ? Et où des femmes et quelques hommes envisageraient un autre usage de leurs corps que la marchandisation ?

Sur le moment, je me contentais de répliquer que les imaginaires de l'après-capitalisme sont en panne depuis longtemps, et que, pour transformer le réel (même celui des désirs), mieux vaut partir de ce qui est. J'évoquais aussi la manière dont le capitalisme d'aujourd'hui parle le discours de la pureté avec autant d'emphase que certains militants révolutionnaires. C'est alors que m'est venue l'image du Quartier rouge. Ce quartier d'Amsterdam est dévolu depuis les années 1920 au sexe, à la prostitution et à l'alcool. Comme dans la quasi-totalité des villes européennes, on n'y fume plus de cigarettes dans les bars, mais la consommation d'herbe y est légale. Avant que mes interlocuteurs ne répliquent que mon « idéal » est désormais de voir des femmes exhiber leurs corps dans des vitrines (ils l'ont quand même fait), je citais le projet de la mairie d'Amsterdam qui courrait à cette époque – et qui a pris corps depuis – de limiter l'espace occupé par le Quartier rouge et de rendre plus difficile l'accès aux coffee shops. Le maire d'alors (libéral-conservateur) justifiait ses projets par des arguments relatifs à la dignité des femmes et par des raisons sanitaires. Mais il citait aussi un impératif dont il me semble qu'il l'emportait sur tous les autres : modifier la physionomie d'Amsterdam pour que cette ville accueille enfin un « tourisme culturel ».

Les Parisiens sont bien placés pour savoir ce qu'il faut entendre par « tourisme culturel ». Du point de vue de l'idéal, visiter une ville pour contempler la Joconde ou les peintures de Van Gogh est un motif incontestablement plus noble que le sexe tarifé, l'addiction au cannabis et les soirées de beuverie. Du point de vue des faits, la question se pose toutefois de savoir qui possède les moyens matériels d'expérimenter cette sublimation des désirs. L'expérience montre que le tourisme culturel est un sport de riches ou du moins de classes moyennes supérieures, non pas parce que les pauvres seraient condamnés à rester à la porte des musées, mais parce que la promotion de ce tourisme-là fait corps avec la gentrification des centres. Le Quartier rouge gêne les autorités d'Amsterdam pour les mêmes raisons que les trafics de la rue Saint-Denis gênaient les autorités parisiennes dans les années 2000 : ces lieux mal famés dévaluent le patrimoine et font fuir les touristes argentés.

Le tourisme culturel a purifié l'espace urbain des grandes métropoles : on ne rentre plus chez soi avec des vêtements qui sentent la cigarette. On n'y croise pas non plus de prostituées en plein jour. L'alcool y est encore présent, mais les « touristes culturels » mêlent leurs voix à celles des riverains pour mettre un terme aux nuisances sonores favorisées par l'ivresse. J'achevais mon propos en indiquant que les « prolos » ont disparu de ces centres en même temps que les fumeurs et les prostituées. Ce qui ne les empêche pas d'exister ailleurs, hors du regard des touristes certes, mais à l'intérieur de ce que devrait être le champ de vision de la gauche.

Mon argument n'a pas convaincu, et sans doute n'était-il pas assez convaincant. On ne voit pas pourquoi un projet de transformation sociale serait tenu de choisir entre le Quartier rouge d'hier et les Champs-Élysées d'aujourd'hui. On peut certes éprouver de la nostalgie pour l'époque du Quartier rouge où la société marchande laissait paraître ses failles, alors que l'imaginaire des Champs-Élysées valorise le même consumérisme, mais débarrassé de ses scories libidineuses.

Mes interlocuteurs avaient raison, toutefois, de me faire remarquer que la nostalgie n'est pas un sentiment adapté à la gauche. L'attachement à l'imagerie comportementale des Trente Glorieuses (cigarettes partout, vin distribué dans les cantines des lycées) vaut ce que valent les idéalisations rétrospectives de l'État-providence et de la croissance industrielle. Ce qui, pour certains, était mieux avant ne constitue pas pour autant une promesse d'avenir.

Quelle idée, d'ailleurs, de convoquer les conduites addictives comme des objets politiques à l'heure de l'explosion des inégalités sociales et de l'apocalypse promise par le réchauffement climatique ?

ACTUALITÉS DU PLAISIR

La conversation s'est arrêtée là. Elle ne mériterait pas d'encombrer les pages d'un livre si le problème que j'avais posé ce soir de 2017 ne s'était, depuis lors, rappelé à nous de manière inattendue. Ce problème est celui de l'articulation entre politiques de l'émancipation et plaisirs. Si je l'ai mal posé il y a cinq ans, c'est parce que le tabac, l'alcool et la prostitution sont des « mauvais objets ». Les effets toxiques des deux premiers et l'exploitation des femmes liée à la dernière interdisent de les considérer comme des biens qu'il faut encourager socialement. Tout au plus peut-on les envisager comme des moindres maux qu'il vaut mieux réguler qu'interdire. Mais convoquer les corps dans le discours politique à l'aide d'exemples qui n'évoquent désormais majoritairement que la maladie et la violence est le plus mauvais moyen de défendre une position libertaire.

Jusqu'au jour, du moins, où les corps et leurs plaisirs s'invitent à nouveau dans le réel. En France, deux faits récents ont marqué ce retour sur scène : le mouvement des Gilets jaunes et la pandémie (rapportée à ses effets sociaux). Ces événements semblent ne rien avoir en commun, sinon leur caractère inédit : une mobilisation sociale qui ne passe par aucun relai syndical traditionnel et des mesures de confinement jusque-là inconnues dans les démocraties en temps de paix. D'une manière différente – le premier par ses causes, le second par ses effets –, ces événements ont néanmoins élevé la privation des plaisirs les plus simples au rang de problème politique à part entière.

Fondée sur un abandon social vieux de plusieurs décennies, la protestation des Gilets jaunes est née de manière circonstancielle d'une hausse des taxes sur le carburant, donc d'une limite imposée à leurs mouvements. Et cela alors que la mobilité est devenue nécessaire à la satisfaction de leurs besoins les plus élémentaires. Dans la première phase de la mobilisation, les Gilets jaunes ont déjoué cette injonction contradictoire d'une manière dont on n'a pas assez souligné le caractère ironique. Ils se sont réunis sur des ronds-points, prototypes de la laideur architecturale des zones périurbaines. Et qu'ont-ils fait sur ces lieux condamnés, en principe, aux passages anonymes ? Ils y ont improvisé des barbecues, peut-être pour pallier la disparition des cafés et des restaurants proches de leurs domiciles, mais aussi pour détourner de manière joyeuse des espaces qui semblent avoir été construits pour encastrer la tristesse dans le paysage. À en croire un ministre de l'époque pour qui la politique du gouvernement ne se faisait pas à l'intention des Français qui « roulent au diesel et fument des clopes », on fumait beaucoup sur les ronds-points. On y a, en tout cas, mis un peu de vie sur le béton. Le mouvement des Gilets jaunes a suivi sa route : le désir de reconquérir une forme de sociabilité heureuse s'est transformé en colère, et cette colère a été durement réprimée. Mais il s'agissait d'abord de faire paraître des corps exaspérés par leur isolement et qui prennent l'initiative d'y mettre un terme.

Cette exaspération s'est rejouée sous une autre forme au cours des confinements et des couvre-feux décrétés pour venir à bout de la pandémie. Le manque d'une sociabilité fondée sur le plaisir s'est généralisé à des classes sociales qui n'y étaient pas habituées. Il a fallu le Covid pour que l'on se rende compte que l'existence des cafés, des restaurants, des clubs, mais aussi celle des théâtres, des cinémas et des fêtes religieuses était de nature politique. Les bureaux de tabac, c'est vrai, sont restés ouverts tout du long. De la même manière, les autorités ont invité les consommateurs de psychotropes à ne pas abandonner leurs traitements. Sous la pression de l'urgence, on a satisfait les besoins et sacrifié les plaisirs. Passé un moment de stupeur, les plaisirs réprimés ont toutefois refait surface. D'abord dans les conduites jugées « irresponsables » de quelques fêtards invétérés, puis dans les comportements quotidiens d'individus oublieux des gestes barrières.

À propos des mesures sanitaires, on a beaucoup parlé des privations de liberté et du rôle de la culture. Mais c'est des corps qu'il s'agissait, en définitive, et du suspens brutal de leurs émotions ordinaires. Les débats sur l'acceptabilité du contrôle social de la maladie ont montré qu'il existe un espace politique pour la question des plaisirs. Peu importe qu'il s'agisse du plaisir de se promener, d'aller à l'opéra ou de fréquenter les bars. L'obligation de rester chez soi car il n'y a nulle part de plaisant où aller a remis sur le devant de la scène la question de l'usage des corps dans les démocraties.

Sauf exceptions individuelles, les partis de gauche n'ont su porter un discours crédible ni sur les Gilets jaunes ni sur les mesures de confinement. Ceux qui se réclament encore de la social-démocratie ont attendu en vain que les Gilets jaunes retrouvent le chemin de la démocratie représentative. Ils ont également jugé que la santé publique valait bien le sacrifice de quelques plaisirs. Les mouvements plus radicaux ont, encore une fois, buté sur la configuration des imaginaires du bonheur par le capitalisme. Soutenir le diesel et l'usage de la voiture à l'heure de la crise écologique est impossible ; contester les dispositifs de protection sanitaire lorsque l'on dénonce depuis des années l'abandon des populations par l'État l'est presque autant.

La fonction traditionnelle des partis de gauche est de discerner les causes sociales plutôt que de déplorer les effets existentiels. À cet égard, les occupations joyeuses des ronds-points et les fêtes sauvages du confinement sont venues trop tard pour qu'il semble possible d'en dégager un sens politique. Les représentants de la gauche ont préféré incriminer la relégation des classes moyennes inférieures et des classes populaires dans des territoires privés d'infrastructures et la baisse des moyens alloués à l'hôpital. Lorsque les catastrophes consécutives aux politiques néolibérales deviennent trop sensibles pour être ignorées, la gauche rappelle qu'elle avait prévenu. Elle propose parfois des revendications alternatives à celles qu'elle juge formatées par le système économique. En attendant le verdict des urnes, elle espère que les citoyens en colère comprendront que leurs désirs véritables se situent ailleurs que là où ils les énoncent.

La droite, du moins celle qui s'impose actuellement dans le champ idéologique français, n'a pas eu à se soumettre à de telles contraintes pédagogiques. Son amour de l'ordre l'a évidemment amenée à condamner la violence de certains Gilets jaunes et l'illégalité des fêtes clandestines. Mais elle a globalement su adapter son discours aux revendications hédonistes sous-jacentes à ces manifestations.

Certes, les raves improvisées en pleine campagne n'appartiennent pas encore à l'imaginaire des éditorialistes conservateurs. La musique techno réunit une jeunesse éprise de drogues, dont il leur semble trop évident qu'elle souffre de l'absence de pères. La France des bistrots, en revanche, a trouvé grâce à leurs yeux : elle permet de réunir, par-delà les classes sociales, l'*habitus* des ouvriers rentrant du travail et celui des grands bourgeois participant à des dîners mondains en plein confinement. Reprenant à leur compte la rhétorique des « jours heureux », quantité de publicistes ont plaidé pour la défense d'un art de vivre à la française mis à mal par la globalisation. Sans insister sur ce que l'expérience de ces plaisirs devait aux conquêtes sociales, ils ont incriminé une société où la jouissance était interdite jusque dans l'usage du langage. Répétant à satiété que l'« on ne peut plus rien dire », des conservateurs ont pris la défense d'un humour gaulois réprimé. Réprimé par qui ? Non pas par le capitalisme ou par l'État, mais par une gauche qui, en plus de prétendre incarner le « camp du Bien », aurait multiplié les interdits moraux. Sur les plateaux de CNews, on proclame quotidiennement que la gêne qui empêche désormais le plaisir provient de féministes haïssant les hommes, d'idiots utiles de l'islamisme ou d'écologistes hostiles à la bonne chère. Nul besoin d'inventer d'autres plaisirs que ceux qui existent déjà : il suffit de promouvoir ceux que la morale progressiste menace de faire disparaître.

Dans un tel contexte idéologique, une réhabilitation politique du plaisir s'expose à des voisinages encombrants. Aujourd'hui, l'hédonisme réactionnaire se réclame de Michel Audiard plutôt que de Claude Sautet. Celui qui plaide pour une approche politique du plaisir risque donc, en plus du vin et des cigarillos, de se retrouver dans les parages de l'humour colonial, des bons mots misogynes et des répliques homophobes. La seule manière d'éviter ce risque serait de déclarer de manière péremptoire qu'il existe des plaisirs de gauche et des plaisirs de droite. Cette solution est impraticable parce qu'elle projette sur un plan idéologique des différences qui sont d'abord sociales. Bourdieu a mis en lumière le poids des appartenances de classes et des hiérarchies culturelles dans les expériences du goût[1]. Mais ces différences dans les pratiques du goût sont moins aisément traduisibles dans un clivage partisan qu'elles ne l'étaient au cours des années 1970, où l'appartenance aux classes populaires (et à ses plaisirs) était un motif puissant d'engagement à gauche. Audiard et le barbecue sont des agréments qui font peut-être « peuple », mais dont se réclament aujourd'hui des bourgeois conservateurs davantage soucieux de

1. Pierre Bourdieu, *La Distinction. Critique sociale du jugement*, Paris, Minuit, 1979.

préserver le patrimoine hédoniste français que de faire paraître leur « distinction » culturelle.

On objectera que c'est par populisme que, de nos jours, des publicistes de droite font mine de communier avec les classes populaires dans les mêmes distractions. Mais est-il si sûr qu'ils ne partagent pas sincèrement ces goûts ? Une frontière étanche entre des plaisirs de droite et des plaisirs de gauche supposerait que l'expérience de la félicité confirme les certitudes idéologiques. Or, elle aurait plutôt tendance à les suspendre. On s'étonne d'aimer ce à quoi ni notre éducation, ni nos engagements politiques, ni notre représentation de nous-mêmes ne nous préparaient : cette surprise fait partie intégrante du plaisir. Après coup, il est toujours possible de retracer la biographie secrète qui nous a mené jusqu'à ce sentiment, ou d'en reconstituer les conditionnements sociaux inaperçus. Mais, lorsqu'il survient, le plaisir s'impose avec une évidence sensible qui explique bien des hontes rétrospectives : « Qui suis-je moi qui ai pu jouir de telles choses ? »

LE GOÛT DES *VALSEUSES*

La critique du film de Bertrand Blier *Les Valseuses* parue dans le quotidien *Libération* en 1974 s'intitule « Quand les rires d'une salle font mal à en pleurer ». La journaliste ne dit à aucun moment que l'errance sexuelle des personnages joués par Depardieu et Dewaere n'est pas plaisante à suivre. Elle n'écrit pas non plus que ce film est raté. « Je vous préviens, je vais être partiale. Partiale, parce que je suis une femme et qu'être une femme en allant voir *Les Valseuses*, en étant bien persuadée que c'est un film chouette, fait par une équipe de gauche, c'est dur. » À sa sortie, *Les Valseuses* a été majoritairement vu comme un défi lancé au conformisme bourgeois triomphant dans la France pompidolienne, à ce titre comme un film réalisé par une « équipe de gauche ». Aujourd'hui, une certaine gauche aurait plutôt tendance à y voir une ode au masculinisme qui n'a été encensée que parce que la plupart des critiques de l'époque étaient des hommes. Ces affirmations contraires sont exactes, ce qui revient à dire qu'aucune des deux n'est vraie. La vérité se situe plutôt dans ce que note la journaliste de *Libération* en 1974 : au plaisir de voir le film succède chez elle le déplaisir de l'avoir aimé. Le premier sentiment repose sur l'abolition de toute considération féministe, le second émane de leur retour.

Cet exemple montre qu'il n'existe pas de plaisirs qui, en tant que tels, sont de droite, et d'autres qui sont de gauche. Dans ce domaine, le manichéisme consisterait à projeter sur des expériences sensibles des oppositions abstraites que ces expériences relativisent au moment où elles ont lieu. Aborder le plaisir politiquement implique donc de tenir compte du pluralisme des goûts sans l'expliquer par des préférences idéologiques : il n'y a, par exemple, aucune raison d'abandonner Audiard à la droite et de cantonner Sautet à la gauche.

Mais le malaise dont témoigne la journaliste de *Libération* à la sortie des *Valseuses* montre aussi que ce clivage n'est pas totalement étranger à la question qui nous préoccupe. Dans les paramètres idéologiques actuels, un réactionnaire bon vivant verrait dans ce malaise la preuve que le féminisme est un obstacle au plaisir et que la conscience progressiste contemporaine fonctionne à la culpabilité. Un(e) féministe répliquerait qu'un plaisir ne porte pas avec lui sa propre légitimité : sa vérité politique se situe dans le moment d'après, en l'occurrence celui où l'on se souvient avec amertume d'avoir trouvé agréable un spectacle dégradant pour les femmes. Ces deux jugements sont partiels : le premier parce qu'il abandonne tout à l'immédiateté du plaisir (« Ce qui est plaisant pour moi devrait l'être pour tous »), le second parce qu'il retire son innocence à cette émotion (« Mon jugement *a posteriori* décide si j'ai bien fait de rire »).

Le second jugement est moins partiel que le premier dans la mesure où il ne sépare pas le plaisir de la réflexivité. Tout au plus manque-t-il sa cible en comprenant cette réflexion de manière morale plutôt que de l'aborder du point de vue politique. La question rituelle de savoir si l'on peut rire de tout et la réponse non moins rituelle selon laquelle on peut le faire, mais pas avec n'importe qui, expriment à peu près cette distinction entre morale et politique. Les croyances morales d'un sujet expliquent pourquoi il rit ou, au contraire, pourquoi il a envie de pleurer devant un spectacle. En ce sens, ces croyances décident *par avance* des objets qui procureront un plaisir et de ceux qui ne susciteront qu'indifférence ou dégoût.

Mais dès lors qu'un individu rit, et par extension dès l'instant où il éprouve du plaisir, une autre question se pose : *avec qui* ce rire ou ce plaisir peuvent-il être partagés sans devenir intolérables ? Cette question n'est pas morale, elle est politique. Elle ne porte pas sur la valeur d'une émotion, mais sur le type de communauté que cette émotion rend désirable.

Pour en rester à l'exemple des *Valseuses*, on peut aimer ce film parce qu'il confirme certains préjugés misogynes ou en rire parce qu'il les met en scène, creusant par là-même une distance entre eux et le spectateur. La colère de la critique de *Libération* n'a pas tant été causée par le film lui-même que par les « rires d'une salle » dont, à tort ou à raison, elle a pensé qu'ils appartenaient plutôt au genre plaisir-confirmation (en l'occurrence confirmation du sexisme) qu'au genre plaisir-distanciation (rire de la misogynie, et non pas rire par misogynie). Dans ce cas, la honte liée au fait de ressentir du plaisir vient du type de complicité, donc du genre de communauté, qu'il instaure. La journaliste n'a pas voulu rire de ce rire-là parce qu'elle a refusé de partager les préjugés de la salle. Un des enjeux de ce livre est de montrer que le plaisir devient politique dès lors que se pose la question de son partage, ce qui est inévitable dans une société démocratique.

La différence qui vient d'être suggérée entre morale et politique n'a plus rien d'évident aujourd'hui. En particulier, il paraît suspect de défendre la dimension subversive du plaisir dans une société aussi inégalitaire. Jouir dans un monde injuste, n'est-ce pas légitimer de la manière la plus intime, dans son corps, les inégalités ? Pour comprendre la nature de cette objection, et tenter d'y répondre, il faut établir ce qui, dans l'expérience du plaisir, fait apparemment obstacle à sa politisation.

UN PROBLÈME DE RICHES ?

« Je ne supporte guère le mot plaisir. » Gilles Deleuze avoue cette répulsion dans une lettre qu'il adresse à Michel Foucault, mais qu'il ne lui enverra jamais. Ce texte expose de manière concise l'essentiel des griefs que la philosophie, surtout lorsqu'elle se veut subversive, adresse à l'expérience du plaisir. Il ne lève pas pour autant l'ambiguïté présente dans la phrase que l'on vient de citer : en condamnant le plaisir, n'est-on pas d'abord victime d'un « mot » ? Plutôt que du sentiment lui-même, la mauvaise réputation du plaisir ne provient-elle pas de ceux qui, n'ayant que ce mot à la bouche, se complaisent dans leurs satisfactions ?

Pour répondre à ces questions il faut restituer brièvement le contexte de la discussion entre Deleuze et Foucault. La mise au point du premier est suscitée par l'incompréhension que le second exprime devant l'usage que l'*Anti-Œdipe* fait du terme « désir » :

> La dernière fois que nous nous sommes vus, Michel me dit, avec beaucoup de gentillesse et d'affection, à peu près : je ne peux pas supporter le mot désir ; même si vous [Deleuze et Guattari] l'employez autrement, je ne peux pas m'empêcher de penser ou de vivre que désir = manque ou que désir se dit réprimé. Michel ajoute :

alors moi, ce que j'appelle « plaisir », c'est peut-être ce que vous appelez « désir » ; mais de toute façon j'ai besoin d'un autre mot que « désir »[1].

Plaisir contre désir, plénitude plutôt que manque, expérimentation à la place de répression : la scène construite par Foucault valorise, pour une fois, la dimension politique du plaisir. Selon lui, en instaurant le désir en vecteur des engagements collectifs, on cède à l'imagerie selon laquelle le pouvoir se réduit à l'exercice de la contrainte. Foucault ne peut envisager le désir autrement que comme la visée d'une transcendance : en désirant, le sujet se rapporte à ce qui n'est présent pour lui que sous la figure de l'absence. Il imagine ce qu'il n'a pas et qu'il devrait pourtant posséder, or c'est toujours dans l'imaginaire que s'engouffre la Loi. Le désir est une adresse qui, en même temps qu'elle accuse le pouvoir de réprimer les corps, institue ce pouvoir en grand Autre transcendant. Faire paraître son désir sur la scène publique, c'est se confronter à une Loi qui, dès lors, devient juge de toutes les revendications. À l'inverse, les plaisirs désignent ce que les corps expérimentent d'ores et déjà de leur puissance. Ils ne portent pas avec eux une demande imaginaire adressée au pouvoir, ils manifestent une résistance effective, réelle, immanente à son emprise. Plutôt que d'inciter les sujets à projeter leur satisfaction dans un ailleurs, ils permettent de l'expérimenter ici et maintenant. Le

1. Gilles Deleuze, « Désir et plaisir » (1977), dans *Deux régimes de fous. Textes et entretiens (1975-1995)*, Paris, Minuit, 2003, p. 118-119.

plaisir substitue l'affirmation à la revendication. En ce sens, il désigne une manière non utopique de se tenir à la marge des normes du pouvoir[1].

Cette opposition entre désir (imaginaire) et plaisir (immanent) n'était pas de nature à convaincre Deleuze. Tout le projet de l'*Anti-Œdipe* consiste en effet à défaire le lien entre désir et manque, de telle sorte que l'on ne trouve plus dans le fait de désirer l'aveu d'une absence qui rend les sujets dépendants de ce qu'ils ne possèdent pas encore. Foucault n'ignore évidemment pas la productivité immanente que Deleuze place dans le désir. C'est sans doute pourquoi il envisage que le désaccord entre eux se réduit à une querelle de mots (« ce que j'appelle "plaisir", c'est peut-être ce que vous appelez "désir" »). La conception deleuzienne du désir ne nous intéresse pas ici, seule nous retiendra sa définition du plaisir. Or, sur ce point, Deleuze n'est pas prêt à mettre son désaccord sur le compte de la sémantique. Il ne supporte pas le « mot » plaisir, certes, mais il argumente aussi en faveur du rejet du concept. Ce faisant, il referme la scène originale ouverte par Foucault au profit d'une scène beaucoup plus traditionnelle où le désir l'emporte sur sa satisfaction.

« Je ne peux donner au plaisir aucune valeur positive, écrit Deleuze, parce que le plaisir me paraît interrompre le procès immanent du désir[2]. » Par rapport au désir, le plaisir marque, selon le philosophe, le moment de la pause, de l'immobilisme, de la stagnation. Autant

1. On examinera dans le prochain chapitre la portée et les limites de la politisation du plaisir opérée par Foucault.

2. *Ibid*, p. 119.

de caractéristiques qui le disqualifient politiquement. Celui qui ressent du plaisir se dit que cela y est, il a obtenu ce qu'il voulait et (ici commence la mauvaise politique) qu'il n'y a rien d'autre à désirer que ce que le monde offre déjà. En jouissant, le corps fait mieux que n'importe quelle idéologie : il rend l'ordre social aimable parce que plaisant. Deleuze ne donne pas d'exemples de plaisirs, mais il est clair qu'il pense à ce que nous avons appelé le « plaisir confirmation ». Le genre de plaisir auquel il songe est celui qu'un être tenaillé par la peur éprouve devant l'arrestation d'un délinquant, celui qu'un raciste prend à une ratonade réussie ou celui qu'un hériter à qui la vie a toujours souri trouve dans les succès de ses placements boursiers. Dans tous les cas, il s'agit essentiellement d'une satisfaction.

Les gens satisfaits considèrent que l'expérience s'arrête exactement au point où ils se trouvent. Ils ne sont disposés à faire aucun pas au-delà de leurs préjugés puisque là où ils se situent socialement, là réside leur trésor. Pourquoi désirer d'autres agencements politiques, alors que la jouissance est à portée de la main, aussi proche de nous-mêmes que notre jardin à cultiver ?

Pour Deleuze, le plaisir n'est en définitive que la passion de l'ordre. Politiquement, il est d'autant plus suspect que c'est l'ordre bourgeois qu'il inscrit dans les corps. Éprouver du plaisir est en effet « le seul moyen pour une personne de "s'y retrouver" dans un processus qui la déborde[1] ». Ce qui, dans le désir,

1. *Id.*

« déborde », c'est-à-dire sépare l'individu de la somme des attentes qui le constituent, le porte plus loin que l'image qu'il a de lui-même et échappe à toute revendication en première personne, se fige dans le plaisir en devenant à nouveau appropriable. Là où on se trouve bien, on s'y « retrouve » : l'expérience du plaisir marque la fin de l'échappée et le retour de l'individu au bercail de la subjectivité. Il n'y a pas de plaisir sans reterritorialisation, c'est-à-dire sans reconduction d'un événement au statut de propriété du Moi. Chaque fois que je déguste une viande, je me souviens que j'aime la viande et j'en déduis que je suis une personne carnivore. La boucle temporelle se referme en même temps que cesse toute réflexivité sur mes pratiques. Dans la jouissance, je me retrouve tel que je m'imaginais au début (amateur de viande), et je n'envisage plus l'objet de mon agrément que comme un complément à ma personnalité (le goût pour la viande devient une partie de moi-même, je ne l'interrogerai plus jamais comme une pratique sociale dépendante de l'élevage intensif, dévastatrice pour la nature et potentiellement cruelle).

Les plaisirs dont parle Deleuze existent sans conteste. Ou plutôt, il existe un certain type de réflexivité associée au plaisir, celle qui conclut invariablement que, ce dont je jouis, je le vaux bien. Nous avons croisé cette réflexivité une première fois sous la figure de la satisfaction de ceux qui voient leurs préjugés confirmés par les rires. Nous la rencontrerons sous d'autres formes dans la suite de ce livre. À ce stade, le problème est de savoir si la critique de Deleuze porte sur l'expérience du plaisir ou s'il ne demeure pas prisonnier d'un « mot » entouré de préjugés philosophiques.

Traditionnellement, les philosophes ont défini le plaisir comme la mort du désir, la satisfaction entraînant l'épuisement de l'énergie qui menait jusqu'à elle. Loin de s'en éloigner, Deleuze radicalise cette tradition, allant jusqu'à faire du plaisir un synonyme de la mort elle-même au sens de l'interruption brutale des processus vitaux de création. Malgré sa critique de la psychanalyse, l'auteur de l'*Anti-Œdipe* reprend l'assimilation freudienne du principe de plaisir au principe de constance : le plaisir gouverne l'appareil psychique dans la mesure où ce dernier « a tendance à maintenir à un étiage aussi bas que possible, ou tout au moins à un niveau aussi constant que possible, la quantité d'excitation qu'il contient[1] ». Dans cette perspective, se complaire dans l'agréable trahit la tendance du psychisme à fuir l'excitation parce que celle-ci est vécue comme une douleur. Le principe de plaisir porte ainsi le sujet à privilégier l'inorganique et l'inertie. En même temps qu'il se retrouve dans ses plaisirs, le sujet se repose en eux. Comme il n'a plus ni faim ni soif, comme il n'éprouve rien qui l'incite à vouloir autre chose que ce qui lui est donné, il s'immobilise dans un monde qu'il juge être taillé à sa mesure.

Deleuze ne semble pas prendre conscience que cette définition extrêmement classique du plaisir dépend d'une conception du désir qui contredit la sienne. Si le plaisir a le pouvoir d'« interrompre » le désir, il faut

1. Sigmund Freud, *Au-delà du principe de plaisir*, trad. S. Jankélévitch, Paris, Payot, 1951, p. 7.

bien que celui-ci repose sur un manque qui se résorbe dans la satisfaction. À vouloir opposer abstraitement le désir et le plaisir, on inscrit ces deux termes dans un rapport où le premier marque le moment de l'inaccompli et le second celui de l'achevé. Or, selon Deleuze, le désir comme création immanente devrait être indifférent au plaisir, c'est-à-dire insensible à une réussite qui marque aussi son terme. Si rien ne lui manque, on comprend mal pourquoi il devrait disparaître dans la jouissance. Le plaisir ne peut être la négation du désir que si le désir admet en lui un moment de négativité, thèse contre laquelle l'*Anti-Œdipe* ne cesse de s'élever. C'est pourquoi Deleuze doit trouver un terme qui exprime l'expérience heureuse du désir, celle où il jouit de sa créativité sans attendre sa satisfaction. Ce terme, élaboré avec la caution de Spinoza, est celui de « joie ». Autant le plaisir est un état inerte, autant la joie réside dans l'accroissement de sa propre puissance. Être joyeux, c'est désirer sans ressentir le manque[1].

Désir, plaisir, joie : s'agit-il d'autre chose que d'une querelle de mots ? Et que gagne-t-on, politiquement, à entrer dans cette querelle ? Il est toujours possible de classer ces affects au fil conducteur des images sociales qu'ils véhiculent. À ce titre, le désir (dans sa conception traditionnelle, non deleuzienne) serait de nature populaire puisqu'il repose sur un manque d'autant plus intensément ressenti que les biens les plus élémentaires sont refusés. Le plaisir, on l'a vu, serait plutôt d'essence bourgeoise puisqu'il découle de l'appropriation

1. Sur la joie, voir Gilles Deleuze, *Spinoza. Philosophie pratique*, Paris, Minuit, 1981, p. 74-77.

privée de ce qui est plaisant. Quant à la joie, elle aurait des consonances aristocratiques : augmentation de la puissance d'agir, elle affirme la singularité de l'individu contre le nivellement des satisfactions médiocres.

Comme plus haut la distinction entre plaisirs de droite et plaisirs de gauche, ce genre de catégorisations politise les sentiments de manière naïve. L'insuffisance d'une telle démarche n'est jamais aussi visible qu'à propos du plaisir qui, dans le triptyque joie/désir/plaisir, joue généralement le mauvais rôle dans les théories de l'émancipation. Ce rôle négatif, nous savons désormais qu'il le retire de son lien avec la satiété. Le plaisir interrompt le désir comme boire étanche la soif et manger abolit la faim.

Les figures de l'assoiffé et de l'affamé *repus* sont au cœur des analyses philosophiques du plaisir depuis l'Antiquité. Mesure du plaisir, la satiété marque cet état où le corps communie, dans la plénitude, avec le réel qui l'entoure. Mais comment ne pas voir que l'assoiffé et l'affamé ne prennent sens que dans un monde menacé par les sècheresses et les famines ? Les Grecs anciens passaient cet aspect sous silence parce que leurs philosophies s'adressaient exclusivement à des citoyens aisés. Cela explique pourquoi la pensée antique du plaisir est de nature surtout morale : la question est de savoir quelle nourriture est la meilleure pour accéder à la sagesse[1]. Dans ce cadre, le plaisir n'est pas d'abord une question politique parce qu'il

1. Sur l'approche principalement morale du plaisir dans l'Antiquité, voir Jean-Claude Milner, *Le Triple du plaisir*, Paris, Verdier, 1997, p. 23.

est entendu que la philosophie ne concerne que ceux qui auront toujours de quoi boire et manger.

Par son rejet de la satiété, Deleuze reconduit cet évitement antique de la dimension sociale du plaisir. Mais il le fait dans des conditions historiques très différentes de celles des Anciens. Ni Platon ni Épicure ne critiquent le plaisir comme satiété : ils s'opposent seulement sur la nature des « aliments » susceptibles d'apporter un bonheur durable aux hommes. Plutôt que le satisfait, c'est l'insatiable qui fait l'objet de leur réprobation : celui qui, gorgé de vin, en veut toujours plus jusqu'à s'adonner au viol (Platon) ou celui qui vit selon des désirs qui ne sont ni naturels ni nécessaires (Épicure). Il n'y a aucune place ici pour le pauvre qui, avant de se demander ce qu'il doit manger ou boire pour être heureux, se trouve dans la nécessité de satisfaire ses besoins pour survivre. Deleuze, lui, s'en prend à la satiété parce qu'elle évoque une figure ignorée par les philosophes de l'Antiquité : celle du bourgeois satisfait de lui-même autant que du monde. À ce compte, le plaisir n'est plus qu'un problème de riches.

Il reste que l'assoiffé et l'affamé *réels* recherchent leur satisfaction comme autre chose que comme un luxe. Pour eux, le plaisir n'est pas la mort du désir ou l'acquiescement bourgeois à l'ordre social. Il marque une première victoire contre un univers qui semble ligué contre leurs vies.

Le plaisir devient une question politique chez les Modernes pour cette raison, déjà, que la faim et la soif accèdent dans la modernité au rang de phénomènes politiques à part entière. Par extension (cette extension n'est rien d'autre que la dynamique démocratique elle-même), la satisfaction de plaisirs luxueux peut être envisagée comme la preuve qu'il n'y a rien d'inexorable dans le partage socialement inégalitaire du sensible. Si Deleuze méconnaît le potentiel subversif du plaisir, c'est parce qu'il identifie la figure du « repus » à celle du bourgeois qui, ne risquant jamais sa vie dans la faim et la soif, est suspect de jouir au détriment des pauvres. Dans la mesure où elle est loin d'être propre à la pensée deuleuzienne, nous rencontrerons souvent cette tendance à assigner la sensualité aux exploiteurs bien en chair, presque toujours de genre masculin et d'autant plus attachés à la société qu'ils dominent qu'ils incorporent l'ordre social dans leurs jouissances. Cette image du plaisir-exploiteur est douée d'une incontestable puissance d'évocation. Mais ne déboute-t-elle pas aussi les exploités de leurs prétentions à la sensualité ? Elle les condamne, en tout cas, à mimer l'ordre bourgeois jusque dans la moindre de leurs félicités.

LE SÉRIEUX DU DIVERTISSEMENT

Lorsqu'elle est hostile au plaisir, la pensée de gauche bute sur un fait : les classes populaires aussi, partent en quête de ce qui est agréable. Ce fait est d'autant plus incontournable que, comme on vient de le voir, les plaisirs des nécessiteux coïncident souvent avec la satisfaction de leurs besoins élémentaires. Il arrive néanmoins que ces plaisirs proviennent de ce dont ils n'ont nul besoin, et que la société de consommation leur présente néanmoins comme indispensable à une vie heureuse. La critique du caractère immobilisant et conservateur du plaisir semble plus pertinente lorsqu'elle s'applique au superflu. Ceux qui n'ont aucun intérêt à la survie d'un système économique inégalitaire se verraient enrôlés à son service par le biais, par exemple, de leur appétence pour les marques. Les marques sont un vecteur d'identification aux valeurs marchandes. Elles forgent l'illusion que tous les individus, abstraction faite de leurs appartenances de classes, font partie du même univers symbolique.

Le plaisir pris à la consommation des choses superflues semble être un moyen de persuader tout un chacun qu'il n'existe qu'un seul monde possible : celui où les riches et les pauvres se retrouvent dans les mêmes délectations. Certes, l'illusion ne dure pas longtemps : passé les périodes de soldes, la hiérarchie des marques produit à nouveau des effets de distinction sociale. C'est pourtant alors que la vacuité politique du plaisir-divertissement apparaît criante : par exemple, lorsque, à la marge des manifestations syndicales, des « bandes » brisent les vitrines des boutiques de luxe pour s'approprier des objets que leurs membres ne peuvent s'offrir. En général, les manifestants condamnent ce genre d'exactions, non seulement parce qu'elles rendent inaudibles les revendications, mais aussi parce que le vol des marchandises de luxe trahit un imaginaire asservi aux fétiches de la société de consommation. La dualité de sens du mot agrément (à la fois attrait et approbation) fonctionne ici à plein. Trouver du plaisir dans la possession des signes distinctifs de la richesse, c'est dire « oui » aux principes qui président au partage des richesses. Y a-t-il meilleur hommage au capitalisme que l'appropriation, même illégale, de ses valeurs ?

Nous voilà aussi ramenés au plaisir revendiqué par une partie des Gilets jaunes de rouler dans de grosses cylindrées, et à leur colère devant la hausse subite des carburants ou la limitation de la vitesse autorisée. Peut-on se contenter de dire que ceux qui éprouvent ce genre de satisfactions cèdent au divertissement et vivent en-deçà de leurs désirs véritables ?

Cette proposition est peut-être vraie si l'on en reste à l'imaginaire véhiculé par les marques. Lorsque cet imaginaire devient symboliquement hégémonique, il réduit les seuls plaisirs envisageables à la possession des biens que le marché produit et dont il organise le commerce. Mais l'imaginaire du plaisir ne coïncide pas avec l'expérience du plaisir. Avant d'être un acquiescement à une industrie automobile polluante, le goût pour la vitesse s'explique par le sentiment d'être souverain au moins dans un endroit de sa vie. Rouler dans des voitures puissantes donne le sentiment d'une sécurité fondée sur l'impression de pouvoir s'offrir sans risque le luxe de la vitesse. Qu'un individu que sa vie sociale expose à une insécurité permanente et au sentiment de ne jamais avancer éprouve du plaisir dans ce genre d'expériences, cela n'a rien pour surprendre. Certes, il pourrait le trouver ailleurs, si ses conditions de vie ne le plaçaient dans la nécessité permanente de prendre la route. Mais, en attendant, son goût pour la vitesse, bien loin de justifier l'univers symbolique des marchandises, est une *échappée* qui démontre que d'autres rythmes de vie sont possibles que ceux qui condamnent les classes défavorisées à l'inertie.

Ce n'est là qu'un exemple parmi d'autres qui indique que la critique sociale ne peut écarter d'un revers de la main les plaisirs des classes populaires, même lorsque ceux-ci semblent assujettis à l'imaginaire capitaliste. Politiquement, il est déjà suicidaire de vouloir interdire à ceux que l'on défend le peu qu'ils possèdent déjà. Mais, surtout, cela revient à ne pas voir que le peu qu'elles « ont », les classes populaires en font un usage qui déborde celui qui leur est dicté par l'imaginaire de la consommation.

C'est aussi le cas lorsque des objets de luxe sont soustraits à leur signification économique. Ceux qui dévalisent les boutiques de luxe au cours des manifestations remettent en cause le principe de distinction sociale qui organise l'univers des marques. Leur geste est sans doute blâmable : sa portée politique est insignifiante en regard des risques pénaux qu'ils encourent et de la confusion qu'ils favorisent entre mobilisation sociale et violence gratuite. Mais il est faux de dire qu'en dérobant ce qui, normalement, est l'apanage des plus riches, ils jouent le jeu de la société marchande. Ils remettent bien plutôt en cause les règles de ce jeu fondé sur le lien économique entre le luxe et les moyens de l'acquérir. À l'instar de ceux qui se livrent à la contrefaçon des grandes marques, les « casseurs » dévaluent objectivement des marchandises qui ne valent que d'être réservées à quelques-uns. Il est permis de penser que leur plaisir de posséder des objets superflus et chers se redouble dans la satisfaction de ne pas avoir payé le prix du marché.

La confusion entre l'imaginaire de la consommation et l'expérience du plaisir interdit de voir ce qu'il y a de politiquement sérieux dans le divertissement. En dévaluant les plaisirs que s'offrent les classes populaires au prétexte qu'ils ne tranchent pas assez radicalement avec la libido du capital, on ne fait que reprendre la critique pascalienne du divertissement, la théologie en moins.

Pascal voyait dans l'acte de se divertir un moyen pour les hommes d'échapper à leur condition mortelle. S'ils prennent plaisir à un nombre infini de choses, c'est que tout est bon pour ne pas affronter la seule question qui vaille, celle de leur salut. Les *Pensées* donnent une liste littéralement délirante des choses qui peuvent devenir objets de divertissement : « Astre, ciel, terre, éléments, plantes, choux, poireaux, animaux, insectes, veaux, serpents, fièvre, peste, guerre, famine, vices, adultères, inceste[1]. » Dès lors que le « vrai bien » (Dieu) est perdu, le délire des hommes va jusqu'à trouver du plaisir dans la destruction de soi et de la nature. Cette logique du divertissement ressemble à celle du plaisir selon Deleuze : pour Pascal, le fait de se divertir interrompt le mouvement de la foi tout en attachant le sujet à ce monde. Dans le plaisir qu'il prend à ce qui est donné, le Moi se place au centre des choses (« Je le vaux bien »), ce qui rend impossible le décentrement

1. Pascal, *Pensées*, éd. Brunschwicg, fragment 425, Paris, GF-Flammarion, 1976, p. 166.

radical sans lequel il n'y a pas de rapport authentique à Dieu.

On a souvent tenté de reverser cette logique du divertissement à la critique de l'idéologie[1]. Il est notable que ces tentatives prennent presque toujours appui sur la dimension imaginaire du lien social : bien avant Marx, Pascal aurait montré que l'attachement aux hiérarchies du monde repose sur des « cordes d'imagination[2] ». Parce que l'imaginaire du plaisir attache le sujet aux satisfactions et aux reconnaissances dispensées par la société, il le décourage de le subvertir. Une critique de gauche de la consommation peut alors montrer que cette dernière divertit (éloigne, sépare) les dominés des luttes qu'ils devraient mener en faveur de leur émancipation. Le plaisir de consommer les biens mis en valeur par le marché empêche d'imaginer autre chose que la reproduction de ses hiérarchies.

Mais l'expérience du plaisir ne s'identifie pas à l'imaginaire de la jouissance. Pascal n'avait pas à se soucier de cette expérience : son apologie de la religion chrétienne consiste à montrer que le véritable bonheur des hommes se situe au-delà des plaisirs de ce monde, dans l'amour pour le Dieu sauveur. C'est pourquoi, à ses yeux, tous les plaisirs se valent. La théorie du divertissement sert à démontrer cette équivalence. Ainsi, la jouissance prise dans l'étude de la science

1. Parmi les essais les plus intéressants en ce sens, voir Pierre Bourdieu, *Méditations pascaliennes*, Paris, Seuil, 1997, et Louis Marin, *Le Portrait du roi*, Paris, Minuit, 1981.

2. « L'imagination dispose de tout. Elle fait la beauté, la justice et le bonheur qui est le tout du monde » (Pascal, *Pensées*, fragment 82, *op. cit.*, p. 72.

ne vaut, en regard de ce qui la motive, pas davantage que la débauche : il s'agit toujours de divertir les hommes de leur condition mortelle. Pour Pascal, la politique elle-même appartient au registre du divertissement, non seulement parce que la recherche éperdue du pouvoir est oublieuse de la condition misérable des hommes, mais parce que le projet de soumettre les relations sociales à une pleine justice est aussi absurde que celui de réglementer un « hôpital de fous[1] ». Pour ce qui concerne les affaires humaines, le maintien d'un ordre relativement pacifique est le seul objectif raisonnable. Le reste, c'est-à-dire l'essentiel, relève de la religion et de sa promesse de salut.

Même lorsqu'elle se sert du concept de divertissement, la critique sociale ne peut se contenter de cette condamnation générale du plaisir. En effet, c'est *ce* monde en tant qu'il recèle des injustices, mais aussi des expériences du plaisir, qui intéresse la politique. De ce point de vue, une réhabilitation du divertissement n'est nullement incompatible avec la pensée de gauche.

Pour en revenir aux Gilets jaunes, l'usage qu'ils ont faits des ronds-points transformés pendant quelques semaines en kermesses joyeuses relève d'un divertissement délesté de son interprétation religieuse. De quoi s'agissait-il sinon de *détourner* (c'est-à-dire divertir) des espaces de leur fonctionnalité pour montrer *ici et maintenant* que le réel ne se borne pas aux usages décrétés par la puissance publique ? Dans ce cas, l'expérience du plaisir déborde l'imaginaire de la jouissance. Personne n'avait imaginé transformer

1. *Ibid.*, fragment 331, p. 144.

des ronds-points ou des péages d'autoroutes en lieux de sociabilité avant que des individus qui traversent ces espaces quotidiennement ne décident de s'y rassembler. Il en va de même de l'occupation des places (Occupy Wall Street, Nuit debout, place Taksim à Istanbul, etc.), qui divertit les centres-villes de leur dimension monumentale et imposante pour y rassembler des corps désireux d'être ensemble. Il en allait déjà de même des occupations d'usines décrites en 1936 par Simone Weil. Dans tous ces cas, le plaisir n'attend pas, il ne demande pas son droit à exister, il s'installe parfois dans les lieux faits pour le contredire. Ce caractère explosif et inattendu fait qu'on le confond souvent avec une violence gratuite. On s'interdit alors de voir ce qu'il porte en lui de contestation immanente de l'ordre établi.

Apparemment formatée par le consumérisme, l'expérience du plaisir partagé témoigne, dans un monde injuste, de ce qui n'est pas l'injustice. À ce titre, il est possible de s'appuyer sur les expériences que le plaisir qualifie d'ores et déjà pour revendiquer un avenir politiquement désirable. C'est ce qu'ont fait nombre de théoriciens socialistes (souvent des femmes) qui, depuis le XIXe siècle, ont placé la sensualité au cœur de leurs discours et de leurs pratiques militantes. Lorsque la responsable bolchévique Alexandra Kollontaï militait pour la fin du mariage bourgeois et en faveur d'une « monogamie successive » faite de rencontres uniques mais parfois éphémères, elle établissait un lien entre la révolution sociale et la révolution dans les rapports amoureux. Plutôt que de prohiber la prostitution, elle misait sur le fait que la fin de la « captivité amoureuse » subie par les femmes pour des raisons économiques viendrait progressivement à bout de ce phénomène. Ce genre d'approche érotique de la transformation sociale a presque toujours éveillé le soupçon des révolutionnaires professionnels. En l'occurrence, les vues féministes de Kollontaï ne furent pas seulement critiquées par Lénine, mais surtout par Clara Zetkin qui prenait déjà le parti des doctrines anti-sexe. S'opposant à l'idée selon laquelle, dans une société communiste, on « ferait l'amour comme on boit un verre d'eau », elle mettait en avant des activités corporelles plus en phase avec le sérieux révolutionnaire : « Du sport sain, de la gymnastique, de la natation, des excusions [...] tout cela donnera davantage à la jeunesse que les éternelles discussions sur les problèmes sexuels et les plaisirs de l'existence[1]. »

C'est parce qu'elles sont réputées « éternelles », donc antérieures à l'édification d'une société juste, que les discussions sur le plaisir apparaissent suspectes à certains partisans de l'émancipation. Mais les militants voluptueux disent avec plus de vraisemblance que c'est précisément parce qu'il est vécu malgré un monde organisé autour de la tristesse que le plaisir inflige une première défaite à l'injustice[2]. Nous aurons l'occasion de revenir sur certains aspects de

1. Voir Daria Dyakonova, « La morale sexuelle, la famille et les droits reproductifs vus par le réseau transnational des femmes communistes dans les années 1920 », *Cahiers d'histoire. Revue d'histoire critique*, 2021, 150, p. 23-37.

2. Voir la belle synthèse proposée par Thomas Bouchet dans *Les Fruits défendus. Socialisme et sensualité du XIXe siècle à nos jours*, *op. cit.*

cette tradition qui manque aujourd'hui si cruellement à la gauche. Elle avait le mérite insigne d'articuler les revendications sociales aux plaisirs qui existent effectivement dans la société. C'est ainsi qu'à la veille de 1968, le freudo-marxisme proposait de partir de l'économie des plaisirs dans les sociétés capitalistes pour montrer, non seulement ce qu'elle a de répressif, mais aussi ce qui, en elle, échappe à la répression. Pour Herbert Marcuse, par exemple, la critique de l'imaginaire capitaliste de la consommation est indissociable d'une valorisation des expériences du plaisir. Nous montrerons plus loin que Marcuse n'oppose pas désirs et plaisirs, il les réunit dans la figure d'Éros. Or, les expériences liées à l'Éros ne nous divertissent pas tant du sérieux de l'existence (qu'il s'agisse du salut ou de la révolution) que des limites auxquelles le consumérisme condamne les corps.

Comment expliquer l'éclipse de cette tradition qui associait contestation de l'ordre établi et usages politiques des plaisirs ? En France, Deleuze (et du reste aussi Foucault) a joué un rôle important dans l'effacement du freudo-marxisme du champ intellectuel. On l'a vu, sa conception restrictive du plaisir ne le prédisposait pas à y voir autre chose qu'un sentiment bourgeois. Mais, surtout, le contexte idéologique présent semble plus favorable à la reprise de la critique traditionnelle du divertissement qu'à sa réhabilitation politique. En 1968, le salut n'était pas ce qu'il est partiellement devenu aujourd'hui : le moteur d'un engagement politique hanté par l'imminence de la catastrophe. Il était alors possible de miser sur l'énergie contestataire comprise dans les plaisirs expérimentés à la marge des institutions étatiques et d'un univers dominé par la marchandise. Aujourd'hui, le salut apparaît à nouveau comme un horizon collectif, fût-ce sous la forme sécularisée du sauvetage de la planète et de la réparation du climat. Ce contexte condamne-t-il le plaisir à être ravalé au rang de divertissement futile ?

Chapitre II

Réaliser le paradis dans les conditions de l'enfer

« Selon l'ascète, la vie est un chemin pris par erreur. »

Nietzsche, *Généalogie de la morale*, III, 2

16 mars 2020 : Emmanuel Macron annonce le confinement strict de la France pour plusieurs semaines. Quelques jours plus tard, Julien Coupat publie sur le site *Lundi matin* un texte aussi beau que désespérant. Il s'intitule « Monologue du virus », un écho manifeste à la pièce féministe d'Eve Ensler (*Les Monologues du vagin*). Contrairement au vagin, le virus ne nous entretient pas des plaisirs réprimés par la société, il met plutôt en avant les souffrances qui nous attendent et dont nous serions bien inspirés de tenir compte pour l'avenir : « Je suis venu mettre à l'arrêt la machine dont vous ne trouviez pas le frein d'urgence. Je suis venu suspendre le fonctionnement dont vous étiez les otages. Je suis venu manifester l'aberration de la “normalité”[1]. »

1. Julien Coupat, « Monologue du virus », *Lundi matin*, 21 mars 2020, www.lundi.am

Le virus affirme s'être emparé de nos vies pour notre (vrai) bien. Il faut le « remercier » car « sans moi, combien de temps encore aurait-on fait passer pour *nécessaires* toutes ces choses inquestionnables et dont on décrète soudain la suspension ? La mondialisation, les concours, le trafic aérien, les limites budgétaires, les élections, le spectacle des compétitions sportives, Disneyland, les salles de fitness, la plupart des commerces, l'Assemblée nationale, l'encasernement scolaire, les rassemblements de masse, l'essentiel des emplois de bureau, toute cette sociabilité ivre qui n'est que le revers de la solitude angoissée des monades métropolitaines : tout cela était donc sans nécessité, une fois que se manifeste l'*état de nécessité*[1]. »

La liste des choses auxquelles le virus nous annonce qu'il va falloir renoncer n'a rien à envier à celle établie par Pascal lorsqu'il décrit les milles et unes manières qu'ont les hommes de se divertir[2]. En raison de la maladie, nous ne prendrons plus l'avion, nous ne limiterons plus les budgets de la santé, nous n'irons plus à Disneyland, ni au sport, ni dans des fêtes.

Cet inventaire place sur le même plan les politiques budgétaires d'austérité et les plaisirs les plus anodins. Le virus met un terme aux deux, c'est donc que des choses apparemment si dissemblables appartiennent à un unique système : le capitalisme qui domine

1. *Id.*

2. Voir *supra*, p. 57-60. Pascal citait pourtant la « fièvre » et la « peste » parmi les événements qui nous divertissent de notre vrai salut, refusant par avance de conférer à un événement naturel un pouvoir de révélation.

intégralement le monde et les corps. La logique du divertissement joue ici à plein, qui ramène à la même vacuité tout ce qui n'est pas essentiel (« nécessaire ») et nous invite à rompre avec lui.

Dans ce texte, Julien Coupat espère que le confinement qui s'annonce va enfin détruire un quotidien colonisé par l'économie. La distance physique à laquelle cette mesure va contraindre les corps serait une bonne nouvelle pour qui veut rompre avec un monde déshumanisé : elle nous incitera à redécouvrir la valeur des liens fondés sur une véritable attention aux autres et à leur santé. Certes, la leçon est douloureuse. Mais le virus n'y peut rien : comme tous les prophètes, il est obligé de porter son épée dans la chair pour que le peuple prenne conscience de ses fautes : « Quelle autre façon me restait-il pour vous rappeler que le salut est *dans chaque geste* ?[1] »

Par ses forces comme par ses faiblesses, ce texte est typique de ce que la référence au « salut » fait à la politique, singulièrement quand celle-ci se réclame de la gauche. Dans un premier temps, l'urgence du salut nous force à interroger un quotidien dont on prend subitement conscience qu'il est gros du désastre. Le prophète (ici le virus) nous force à regarder ce que nous ne voyions plus à force de le trouver « normal » : par exemple prendre l'avion ou la voiture sans penser au carbone. Jusque-là, le désastre est assimilable à une crise, il est une invitation à la critique de comportements qui, avant son advenue, ne faisaient pas question. Mais le désir d'être sauvé va plus loin : il

1. Julien Coupat, « Monologue du virus », art. cité.

unit dans une même condamnation toutes les pratiques, les croyances et (pour ce qui nous concerne) les plaisirs qui précédaient la catastrophe, et sont censés l'expliquer.

Autant il est légitime de voir dans une crise sanitaire une occasion d'interroger la nature de nos plaisirs d'avant, autant il est discutable de faire de ces plaisirs, considérés en bloc, les complices de choix politiques qui nous ont menés là où nous en sommes. Ce n'est pas un hasard si le virus monologue : il s'adresse indistinctement aux gouvernements qui ont appauvri l'hôpital public et aux citoyens lambda désormais privés de leurs plaisirs les plus anodins. Si le virus avait donné la parole à ses auditeurs, on aurait rapidement suspecté que les « limites budgétaires » décrétées par les gouvernements et les « spectacles » auxquels se rendaient les individus avant la pandémie ne portent pas la même responsabilité dans la catastrophe.

Par principe, les politiques du salut misent sur une pédagogie par la souffrance. Elles font des expériences collectives les plus éprouvantes un signal d'alarme, peut-être le dernier avant la fin du monde. À l'aune du salut, le moment de vérité ne peut-être que douloureux, ce qui implique de reverser tous nos plaisirs au registre de l'erreur. Certes, la rédemption promise par la gauche a le mérite de dessiner un avenir désirable. À la veille du confinement, le virus espérait que nous allions « prendre soin de nos amis et de nos amours[1] » plutôt que de continuer à nous perdre, au risque de la contagion, dans mille relations éphémères.

1. *Id.*

Cette invitation au soin méritait d'être entendue à un moment où, autant que le saccage de la nature, la déshumanisation des liens sociaux révélait ses conséquences désastreuses. De là à penser qu'il est légitime d'attendre d'une assignation à résidence décidée pour maîtriser une épidémie qu'elle indique une issue désirable aux injustices de ce monde, il y a toutefois un pas que l'on peut hésiter à franchir.

D'abord pour des raisons qui tiennent au réalisme. Deux ans après, il n'est pas sûr, en effet, que le désastre ait porté ses fruits. Une fois encore, les États sont venus à la rescousse d'économies au bord du collapse, mais sans que les principes qui président à cette économie soient sérieusement remis en cause. À la faveur de la pandémie, la numérisation du quotidien s'est accrue au prétexte que les relations virtuelles avec le monde limitent les risques de contagion. Les mesures adoptées pour faire face au virus (état d'urgence sanitaire, confinements, la vie sous QR-codes, etc.) ont aggravé un virage sécuritaire pris par les démocraties occidentales depuis une vingtaine d'années. Sur tous ces points, les espérances placées dans le « monde d'après » ont fait long feu.

Faut-il en conclure, une fois de plus, que le capitalisme néolibéral est capable de tirer profit même de ses échecs ? Mieux vaut s'interroger sur les attentes politiques fondées sur la seule évidence du désastre. Malgré son caractère « universel », une pandémie n'est pas, au même titre, une catastrophe pour tout le monde. Après les malades, ceux qui ont eu le plus à en souffrir sont ceux dont elle a accru la charge de travail tout en mettant un terme aux rares joies qui émaillaient leurs existences. Une fois les confinements et les couvre-feux passés, avec leur cortège de solitudes et d'angoisses, beaucoup se sont rués vers leurs anciens divertissements. Pour retrouver les plaisirs de « Disneyland », sans doute, mais aussi pour renouer avec ceux de la terrasse du coin de la rue, du terrain de sport, des promenades illimitées dans le temps ou des rencontres érotiques improvisées. Cette solidarité avec le « monde d'avant » ne serait navrante que si l'intégralité des plaisirs vécus dans ce monde trahissait une complicité avec le capitalisme mondialisé.

Ce chapitre développe l'hypothèse selon laquelle l'adoption de la rhétorique du salut par une partie de la gauche explique pourquoi le plaisir, à la différence de la souffrance, est si rarement convoqué comme un concept critique opératoire. Il y sera donc moins question du plaisir comme tel que des raisons qui motivent sa mise à l'écart. Pour le dire d'emblée, il nous semble que l'abandon du paradigme révolutionnaire s'est accompagné d'un doute sur la possibilité de transformer le monde de manière collective. Le problème devient alors de savoir ce qu'il est nécessaire de faire dans un système (inégalitaire, patriarcal, racisé, écologiquement dévastateur) dont le renversement n'est plus à l'horizon, mais auquel il convient néanmoins de résister. Formulé de manière plus imagée : comment réaliser le paradis (agir selon la justice, parler bien, jouir vertueusement) dans les conditions de l'enfer ?

Plus qu'un supposé « tournant identitaire », c'est un changement de priorité qui caractérise maints engagements contemporains à gauche : en attendant de transformer le monde, changer sa vie. La réforme des manières de parler, l'impératif de vérifier ses privilèges, la modification de ses habitudes alimentaires ou la recherche d'un rapport authentique à la nature participent du désir de ne pas attendre un hypothétique Grand Soir pour modifier nos manières d'être.

Il n'y a rien à redire à cette réorientation de l'activité critique sur le sujet lui-même aussi longtemps qu'elle ne prend pas l'allure d'une morale individualiste de style ascétique. Vouloir se rendre pur dans un monde impur prémunit certes de l'ascèse révolutionnaire qui désirait purifier la société elle-même, en général au prix d'une immense violence. Mais, lorsqu'il s'individualise, le perfectionnisme moral soumet les corps à un impératif de vigilance d'autant plus épuisant qu'il ne repose plus sur la promesse d'une émancipation *collective*. Si, contrairement à bien des mesures qu'ils mettent en avant, les mouvements de gauche sont devenus impopulaires, c'est en partie parce qu'ils confondent leur ethos avec de nouvelles contraintes qui promettent moins le bonheur que la sécurité.

Une approche autre que l'ascèse est pourtant possible. Elle consiste à repérer les expériences qui, dans l'« enfer capitaliste », ne sont pas l'enfer et de prendre appui sur elles pour convaincre que les conditions qui dominent nos vies peuvent être modifiées. Cette démarche nie que les plaisirs vécus dans un monde injuste renforcent nécessairement cette injustice. Certains d'entre eux désignent au contraire une manière de la combattre.

LE PLAISIR COMME « PRIVILÈGE »

Plus l'influence électorale des partis de gauche s'étiole en France, plus les reconfigurations de la pensée progressiste sont présentes dans le débat public. Certains médias, généralement conservateurs, feignent ainsi de trouver dans le champ étroit de la recherche universitaire des signes d'une radicalisation qui menacerait la société entière. *Gender studies*, *cancel culture*, racialisme, intersectionnalité : autant de termes forgés au sein des campus américains et qui, moyennant une série de déplacements et de manipulations, sont présentés par certains comme de véritables dangers pour la sérénité (et pour les plaisirs) des citoyens français. En 2021, le ministre de l'Éducation nationale a créé un « Laboratoire pour la République » dont le but est de combattre le « wokisme » jusque dans les projets de recherches en sciences sociales.

Il ne faut pas être dupes de ces mises en scène de la « nouvelle idéologie de gauche » par ses adversaires. Comme on le verra dans l'Intermède qui suit ce chapitre, la stigmatisation d'un ennemi imaginaire constitue aujourd'hui un élément central de la rhétorique conservatrice. Orpheline de la menace soviétique, cette dernière est obligée de ressusciter un danger de gauche, et de gonfler ses forces, pour présenter sa propre idéologie comme un rempart. « Le wokisme, combien de divisions ? » est une question qui n'est jamais posée parce qu'elle obligerait à comparer l'influence des départements de sociologie à celle des chaînes d'information continue.

Il reste que l'on assiste depuis quelques décennies à une évolution des thèmes de la critique sociale. Née après la disparition du communisme d'État, la jeunesse occidentale engagée à gauche s'est formée aux questions politiques dans un contexte qui ne plaçait plus la lutte des classes en son centre. Antérieur à 1989, l'affaiblissement du paradigme révolutionnaire s'est accéléré après la chute du mur de Berlin : on a cessé de croire que la substitution d'un mode de production à un autre suffirait à régler les problèmes que l'humanité se pose à elle-même. Dans la même période, la gauche européenne est devenue sensible à des thèmes popularisés depuis longtemps aux États-Unis. En plus (et parfois à la place) de la classe : la race et le genre. La crise climatique a ajouté à ces enjeux la préservation du vivant qui est régulièrement citée par la jeunesse au rang de principal motif d'engagement. La question se pose certes toujours de savoir s'il existe une cause « en dernière instance » des inégalités, et si cette cause n'est pas de nature économique. Mais l'origine des engagements actuels à gauche réside le plus souvent dans une attention à des injustices devenues plurielles.

Le plaisir est rarement placé au centre de ces reconfigurations de la critique sociale. Lorsqu'on s'y réfère, c'est trop souvent sous la forme du pour ou du contre, comme par exemple dans les conflits qui opposent féminismes pro et anti-sexe. Il y aurait pourtant un moyen de retrouver ce problème sans le réduire à des jugements de valeur qui assimilent les plaisirs vécus ici et maintenant à une compromission avec une société injuste. En effet, les nouveaux motifs de contestation se fondent sur une attention aux corps rendus « invisibles » du fait de leur couleur, de leur genre ou de leur orientation sexuelle. En ce sens, il est vrai que l'on ne peut plus se contenter d'opposer les plaisirs (et les peines) de la bourgeoisie à ceux de la classe ouvrière comme le faisait Zola dans le passage de *Germinal* cité en ouverture de ce livre. Les corps des femmes, des étrangers, des trans, des lesbiennes et des gays (pour ne citer qu'eux) se sont invités dans les discours critiques, à côté ou au milieu des corps des pauvres. Ces corps jouissent ou ils en sont empêchés : dans les deux cas, les rendre visibles implique de reconnaître leur sensualité. Si la question politique posée par le plaisir est celle du droit à avoir *plus d'un corps*, donc de ne pas être réduit à une seule dimension de son existence sociale, elle se pose avec plus d'acuité encore à une critique sociale attentive à des discriminations multiples.

Bien avant que le mot « intersectionnalité » existe (il a été forgé à la fin des années 1980), la nécessité de croiser les effets de domination s'est fait ressentir. Ces croisements ont directement à voir avec la question des plaisirs « légitimes ». Connu pour ses essais et ses romans consacrés à la condition des Africains-Américains, James Baldwin publie en 1956 un récit intitulé *La Chambre de Giovanni* où il narre l'histoire d'amour entre deux hommes blancs[1]. La publication de ce livre entraîne des critiques acerbes de certains

1. Cet épisode est analysé par Yannick M. Blec dans « Masculinités, sexualités et race : défaire les stéréotypes » (dans Myriam Boussahba, Emmanuelle Delanoë, Sandeep Bakshi, *Qu'est-ce que l'intersectionnalité ?*, Paris, Payot & Rivages, 2021, p. 183-207).

activistes de la cause afro-américaine qui voient dans l'homosexualité de Baldwin, et particulièrement dans son attirance pour les Blancs, une trahison de son combat contre la ségrégation raciale. Pour ces militants intransigeants, les plaisirs sexuels d'un individu deviennent illégitimes dès lors qu'ils excèdent les classifications opérées par le combat politique (un homme noir se doit d'être masculin pour mener la lutte contre les hommes blancs). Dans sa réponse à ces critiques, Baldwin se réfère sans utiliser le mot à l'intersection, indiquant qu'une véritable littérature de l'émancipation, loin de les figer, complique les catégories. Selon lui, les Blancs ont inventé les Noirs pour ne plus avoir à interroger l'identité blanche, et « les hétéros ont inventé les pédés pour qu'ils puissent coucher avec eux sans devenir des pédés eux-mêmes[1] ». Dans cette déclaration provocante perce l'exigence de croiser les catégories (Noirs, homosexuels, etc.) afin de défaire les assignations identitaires. Un même individu fait l'expérience de plusieurs marginalités : plutôt que de n'en revendiquer qu'une seule, mieux vaut les faire paraître toutes ensemble afin qu'elles conquièrent une égale légitimité.

Placé à l'intersection de plusieurs injustices, Baldwin refuse d'envisager sa vie intime par le prisme d'une seule d'entre elles. Il est noir, il est homosexuel, il a aussi des sympathies pour le communisme : autant de caractéristiques qui, dans l'Amérique des années 1950, lui promettent une vie de paria. Plutôt que de sacrifier ses désirs à une cause unique qui impliquerait l'effacement de ses autres dispositions, Baldwin choisit de

1. Cité par Yannick M. Blec, *ibid.*, p. 187.

montrer leur entrelacement. La nature de sa sexualité ne contredit pas la couleur de sa peau, elle ne le détourne pas non plus du sort des pauvres. Baldwin considère à raison que les plaisirs qu'il trouve auprès d'hommes blancs sont autre chose qu'un hommage rendu à la domination d'une race sur une autre. Indifférente à la couleur de peau et transgressive par rapport aux rôles assignés aux genres, sa sensualité démontre plutôt que les assignations raciales et les injonctions à la virilité peuvent être défaites (on dirait aujourd'hui « déconstruites ») à la faveur d'une étreinte.

Le terme technique « intersectionnalité » exprime en premier lieu la volonté de ressaisir la pluralité des logiques d'exclusion dont est victime un même individu. Mais, au-delà de la diversité de ces logiques, demeure une exigence commune : tous possèdent le droit à plus d'un corps ou, ce qui revient au même, à plusieurs usages de leurs corps. Contrairement à ce que prétendent les critiques de Baldwin, il n'est jamais légitime d'attendre de qui que ce soit qu'il ou elle agisse uniquement comme une « femme », un « Noir », un « homosexuel » ou un « prolétaire ». La valorisation politique des plaisirs ne dit rien d'autre que le caractère inconditionnellement légitime de la pluralité des usages du corps.

La question est de savoir à partir de quand l'insistance sur les identités victimaires cède la place à l'oubli de cette pluralité. Soit, par exemple, la montée en puissance de l'injonction, à « checker [*vérifier, tester, mesurer*] ses privilèges ». Nommer les privilèges est une manière d'aiguiser la conscience de ceux qui ne portent aucune attention à ce qu'ils peuvent faire sans y penser : traverser une ville sans être interpellé par la police en raison de la couleur de sa peau, s'habiller sans se soucier des regards prédateurs que suscitera une tenue jugée affriolante, s'offrir un repas dans un restaurant sans se préoccuper de la note. La prise de conscience de ses propres privilèges peut désigner le point de départ d'un engagement, au même titre que l'expérience d'une injustice qui est directement faite à un individu.

Il reste que la généralisation de la traque aux privilèges implique de postuler comme une sorte de point-limite l'existence d'un corps absolument dénué d'avantages, voué à la douleur et à l'exploitation, et en regard duquel tous les autres seraient tenus d'ajuster leurs comportements. Or, un corps absolument dénué de « privilèges » n'existe que dans l'imaginaire. Qui plus est, dans un imaginaire doloriste en regard duquel, en cherchant bien, tous sont susceptibles de profiter de quelques avantages inaperçus.

Adressé au départ aux hommes blancs, l'injonction à « checker ses privilèges » ne peut pas ne pas s'étendre à tous ceux et à toutes celles que leur couleur de peau, leur position sociale ou leur genre placent, comme le veut l'universitaire américaine Peggy McIntosh, dans la situation de « porter un sac à dos invisible et sans poids » qui leur permet d'évoluer dans le monde social un peu mieux que d'autres[1]. Cette généralisation est inévitable puisque la logique qui rabat les facilités relatives dont jouit quelqu'un sur des avantages hérités est

1. Peggy McIntosh, « White Privilege : Unpacking the Invisible Knapsack », *Peace and Freedom Magazine*, juillet-août 1989, p. 10-12.

profondément individualiste. L'emprunt à une sémantique proche de celle de la comptabilité (*check*) indique déjà la limite d'une telle approche. Le comportement de chacun y fait l'objet d'une enquête morale menée par les voies du calcul. Or, seul ce que je possède en matière de capital réel ou symbolique peut entrer dans un calcul, les plaisirs qui ne découlent pas de ma position sociale, raciale ou de genre sont au contraire incalculables et imprévisibles. C'est précisément de ces plaisirs, mais aussi de ces peines, que parle Baldwin dans les romans qui lui furent reprochés. Les amours de cet écrivain ne trahissent pas le désir de goûter aux privilèges de la bourgeoisie blanche. En revanche, elles lui ont permis de faire l'expérience de ce que les privilèges des uns peuvent devenir les plaisirs des autres.

La confusion comptable des plaisirs avec des privilèges a un autre inconvénient politique. Une fois qu'il a pris la mesure de ses privilèges, l'individu peut tout au plus les nommer. Ce genre de politique est essentiellement déclarative, et par conséquent abstraite, puisqu'elle saute par-dessus l'expérience sensible du plaisir. Pour rendre les avantages de chacun un peu plus concrets, des ateliers américains de formation à la diversité ont, à l'été 2021, organisé des « Marches des privilèges[1] ». Leur principe consiste à placer un ensemble de participants sur une ligne, puis à les faire se mouvoir selon la réponse qu'ils font à des questions telles que « si vous êtes un homme blanc, faites

1. Christian Parenti, « The First Privilege Walk », *Nonsite.org*, 18 novembre 2021. Je remercie Étienne Ollion de m'avoir signalé cet article.

un pas en avant », « si une blague sur votre origine ethnique, votre genre, votre apparence ou votre orientation sexuelle vous met mal à l'aise, faites un pas en arrière ». À la fin de l'exercice, les participants se trouvent disposés le long d'un « continuum des privilèges ». Chacun étant devenu conscient de sa position individuelle dans ce continuum, la discussion peut commencer.

La Marche des privilèges est aujourd'hui un élément standard des formations à la diversité dans des universités, mais aussi des églises et des grandes entreprises américaines. Ce succès consensuel suffit à modérer les attentes politiques placées dans ce genre de dispositifs. Comme il fallait s'y attendre, des élus républicains ont crié au « racisme inversé ». Peggy McIntosh s'est désolidarisée de telles pratiques qu'elle juge, à juste titre, improductives.

Le point qui justifie qu'il en soit fait mention ici, est que les concepteurs des Marches des privilèges se sont prévalus de l'autorité d'Erica Sherover-Marcuse, la veuve d'Herbert Marcuse. Les raisons pour lesquelles ce dernier n'aurait certainement pas souscrit à une procédure qui assigne un individu à son identité corporelle et sociale seront amplement développées plus loin. Mais cette coïncidence conjugale mérite d'être citée comme un signe de l'évolution d'une certaine gauche américaine.

En 1983, Erica Sherover-Marcuse soutient une thèse intitulée « Émancipation et conscience » où, dans la droite ligne des thèses de son époux, quoique de manière beaucoup plus tranchée, elle reproche à Marx d'avoir méconnu les mécanismes subjectifs de la domination[1]. Jusque-là, il s'agit de montrer que les appartenances objectives de classe ne suffisent pas à expliquer les violences sociales : pour expliquer pourquoi les dominés intériorisent les discriminations dont ils font l'objet, il faut s'intéresser à la psychologie de la domination. À partir de la fin années 1980, Sherover-Marcuse développe des programmes de formation contre les oppressions raciales ou de genres fondés intégralement sur la méthode de la « prise de conscience » de leurs propres privilèges par les individus. Il n'est plus du tout question de Marx, et pas davantage de Freud puisque les seules ressources de la psychologie comportementale sont censées pouvoir venir à bout de l'assujettissement des individus aux normes qui les infériorisent. De la synthèse freudo-marxiste il ne reste rien : ni l'inconscient, ni l'exploitation, ni la puissance subversive de l'Éros. On comprend, à ce titre, pourquoi même l'armée américaine a organisé récemment des Marches des privilèges.

Certes, l'impératif de dire ce que la société tait se fonde sur une réalité : les classes dominantes ne se nomment jamais comme telles. Cette discrétion permet d'inscrire leurs privilèges dans l'évidence[2].

1. Erica Sherover-Marcuse, *Emancipation and Consciousness. Dogmatic and Dialectical Perspectives in the Early Marx*, Oxford, Blackwell, 1986.

2. Remarquant qu'il n'existait pas de « Parti bourgeois » à la Chambre, Roland Barthes notait que « la bourgeoisie a effacé son nom en passant du réel à sa représentation, de l'homme économique à l'homme mental : elle s'arrange des faits, mais ne compose pas avec les valeurs, elle fait subir à son statut une véritable opération d'ex-nomination ; la bourgeoisie se définit comme la classe sociale qui ne veut pas être nommée » (*Mythologies*, Paris, Seuil, 1957, p. 145).

Mais la question demeure de savoir ce que l'on peut attendre politiquement d'une réforme du langage fondée sur la traque verbale de ses privilèges. En apparence du moins, le discours peut prétendre à une pureté à laquelle n'atteint jamais l'expérience sensible. Vivre dans la conscience explicite de ses « privilèges », les nommer pour ne plus en être dupes, c'est entretenir avec son corps et sa situation sociale une relation de transparence de laquelle on peut sans doute attendre des comportements plus attentifs aux injustices subies par les autres. Mais, dans la mesure où la conscience des privilèges est individuelle, elle devient très facilement dépolitisante. Dire ses privilèges signifie au mieux « changer les règles du jeu, s'épuiser à vouloir jouer mieux, s'exténuer à jouer dans telle équipe plutôt que dans telle autre[1] » : cette réflexivité de tous les instants laisse inchangé le jeu lui-même.

Certes, l'attention aux mots vaut mieux que la mauvaise foi de ceux qui, après avoir proféré des horreurs, se plaignent de ne plus avoir le droit de rien dire. Mais la focalisation sur les règles du jeu assigne les individus à une exigence morale (et langagière) telle qu'elle les prive souvent de la possibilité d'inventer des jeux alternatifs.

1. Kaoutar Harchi, « "Checker les privilèges" ou renverser l'ordre ? », *Ballast*, 15 juin 2020.

CHANGER SA VIE SANS TRANSFORMER LE MONDE ?

L'injonction à vérifier ses privilèges n'est qu'un exemple parmi d'autres d'un tournant moral d'une partie de la critique de gauche dont l'origine date de la fin des Trente Glorieuses. On a parlé de « révolution silencieuse » pour désigner le ralliement, depuis la fin des années 1970, de la jeunesse occidentale éduquée à une culture de la tolérance en matière de mœurs et de pluralisme culturel[1]. Le recul de l'insécurité matérielle a rendu les générations concernées plus sensibles aux luttes des minorités et aux normes d'ouverture à l'altérité. Sans trop céder à une explication générationnelle, il est vraisemblable, aussi, que des individus nés après 1989 ont, plus que d'autres, à cœur de rendre leurs manières de parler vertueuses. Socialisés à une époque qui a réduit l'idéal révolutionnaire aux crimes qu'il a engendrés au cours du XXe siècle, même les plus contestataires d'entre eux ont eu le souci de soumettre leurs discours à une éthique du respect. Consciente que ceux qui, des décennies avant elle, voulurent établir le paradis sur Terre avaient échoué dramatiquement, la jeunesse militante d'aujourd'hui prend des précautions. Elle les trouve en premier lieu dans une déontologie du discours.

1. Voir Ronald Inglehart, *The Silent Revolution*, Princeton, Princeton University Press, 2015.

De là, le fait que la critique sociale se présente de plus en plus souvent comme une autocritique. Autant que sur le réel matériel, elle porte sur les sujets qui parlent. Tout se passe comme si, avant de porter la contradiction aux inégalités présentes dans la société, il fallait que les sujets contestataires établissent un rapport à eux-mêmes et à leur propre discours dénué d'ambiguïtés. Par exemple, ne plus dire « femmes », mais « femmes cis » ou « femmes trans » dénote un souci de saisir l'individu au plus près de son conditionnement social, donc de rendre visibles les préjugés qui perdurent même dans les engagements politiques les plus sincères. La question « D'où parles-tu, camarade ? » est ancienne, mais elle s'est compliquée depuis que d'autres appartenances que celles de classe (appartenances de genre ou de race, orientation sexuelle) sont présumées orienter de manière plus ou moins inconsciente les comportements et les discours.

En quoi cet effort de lucidité est-il lié à la problématisation politique des plaisirs ? Est-il de nature à faciliter une telle problématisation ou lui fait-il, au contraire, obstacle ? Pour répondre à ces questions, un détour par l'œuvre tardive de Michel Foucault s'impose. Cet auteur est souvent cité comme une source d'inspiration de la nouvelle gauche, voire comme un prophète des *Millenials*. Plutôt que de préjuger d'une influence réelle de la théorie foucaldienne sur les pratiques militantes contemporaines, nous ferons l'hypothèse que Foucault a compris avant tout le monde ce qui, au mi-temps des années 1970, était en train de se produire dans le champ de la critique. Son pressentiment des mutations qui allaient marquer les discours de la contestation est aussi instructif que les emprunts explicites qui sont faits aujourd'hui à son œuvre[1]. Peut-être parce qu'il l'appelle de ses vœux, Foucault saisit immédiatement que l'abandon du mythe révolutionnaire implique une redéfinition complète du sujet de la critique. Ce dernier ne peut plus être identifié au corps du prolétaire, encore moins au discours de l'intellectuel bourgeois qui parle à la place des pauvres. Si une critique demeure possible, elle doit être définie comme une « ontologie critique de nous-mêmes », c'est-à-dire comme une attitude où le rapport du sujet à son présent devient indissociable du rapport qu'il entretient avec lui-même[2]. Il ne s'agit plus tant de soumettre le monde social à des principes de justice universels que de modifier le rapport que nous entretenons avec nous-mêmes, et cela afin de ne plus être dupes de nos manières de parler ou de nos façons de vivre. Comprise en ce sens, la critique est moins un regard de surplomb sur la société (le révolutionnaire qui croit détenir le fin mot de l'histoire) qu'une attitude qui invite le sujet à produire des enquêtes sur lui-même et son rapport au présent.

1. Éric Marty a montré comment ce pressentiment est indissociable d'un arrachement de Foucault à la tradition européenne au profit de l'Amérique, nouveau continent du « souci de soi » (*Le Sexe des Modernes. Pensée du neutre et théorie du genre*, Paris, Seuil, 2021, p. 383-402).

2. Michel Foucault, « Qu'est-ce que le Lumières ? », *Dits et écrits*, tome 2, Paris, Gallimard, 1994, p. 1397. Notons comme une pierre d'attente que Foucault, quelques pages plus haut, définit l'attitude critique moderne comme une ascèse (« L'attitude volontaire de modernité est liée à un ascétisme indispensable »).

Ce n'est pas un hasard si Foucault a initié ce genre d'enquêtes postrévolutionnaires à propos du plaisir. Il n'ignore pas qu'à la fin du XXe siècle, le sexe est devenu en Occident l'ultime refuge de l'idéal révolutionnaire dans son sens classique. C'est pourquoi le premier tome de son *Histoire de la sexualité* (*La Volonté de savoir*, paru en 1976) procède à une critique impitoyable de l'idée selon laquelle l'émancipation collective se jouerait désormais dans le champ de la sensualité. Avec en ligne de mire Reich et Marcuse, Foucault se moque du « grand prêche sexuel [*qui*] a parcouru nos sociétés depuis quelques dizaines d'années[1] ». Selon lui, le tort du freudo-marxisme est d'avoir voulu rejouer le romantisme révolutionnaire en le déplaçant dans la libido, comme si le désir sexuel était de nature à relancer une promesse qui avait été trahie dans le champ économico-social. Le chapitre 4 de ce livre reviendra sur ce que cette critique du freudo-marxisme a de politiquement démobilisateur. Au point où nous en sommes, il suffit de noter que ce que Foucault dira du plaisir après *La Volonté de savoir* fait fond sur son ironie à l'égard de l'idée de révolution sexuelle[2].

C'est seulement en 1984, lorsque paraîtront les tome 2 et 3 de l'*Histoire de la sexualité*, que le lecteur

1. Michel Foucault, *La Volonté de savoir*, Paris, Gallimard, 1976, p. 15.

2. Foucault évoque la révolution sexuelle sans indulgence : « Nous n'en parlons guère sans prendre un peu la pose : conscience de braver l'ordre établi, ton de voix qui montre qu'on se sait subversif, ardeur à conjurer le présent et appeler un avenir dont on pense bien contribuer à hâter le jour. [...] Parler contre les pouvoirs, dire la vérité et promettre la jouissance ; lier l'un à l'autre l'illumination, l'affranchissement et des voluptés multipliées » : *ibid.*, p. 14.

pourra prendre la mesure de ce qu'il reste politiquement du plaisir une fois adoptée une telle attitude ironique. À l'aune de la définition de l'action politique comme transformation concertée de la société, force est de constater qu'il n'en reste à peu près rien. *L'Usage des plaisirs* et *Le Souci de soi* sont consacrés à la manière dont les activités liées au plaisir (les *aphrodisia*) deviennent, dans l'Antiquité, l'enjeu d'une préoccupation morale dénuée de toute dimension collective. Du monde gréco-romain, Foucault retient les doctrines (mais aussi les manuels de diététique et les traités d'économie) qui privilégient l'éthique individuelle sur la politique institutionnelle : le Socrate de Xénophon plutôt que celui de Platon, le stoïcisme ou l'épicurisme plutôt que les *Politiques* d'Aristote. Le problème de l'usage des plaisirs se pose surtout dans l'Antiquité tardive, autrement dit dans la période individualiste qui suit le déclin de la cité grecque. Foucault sait que ce repli des espérances collectives caractérise aussi l'époque où il écrit : c'est ce qui, à ses yeux, confère leur actualité aux réflexions antiques sur le plaisir. En parlant des Grecs et des Romains, ce n'est peut-être pas littéralement de nous qu'il parle, mais c'est sans aucun doute à nous qu'il s'adresse.

Le projet du dernier Foucault n'est donc pas dénué de préoccupations politiques. Il s'agit de substituer une définition de la critique à une autre en privilégiant celle qui change la vie à celle qui prétend changer la société. En même temps qu'il la renverse, Foucault modifie le sujet de la thèse célèbre de Marx selon laquelle « jusqu'ici les philosophes ont interprété le monde, il s'agit désormais de le transformer ». Pour lui, il convient plutôt de montrer que les philosophes modernes ont (vainement) voulu transformer le monde, alors qu'il s'agit à l'avenir, et comme on l'a fait dans l'Antiquité tardive, d'interpréter le soi en vue de sa modification éthique[1].

Cette redéfinition du sujet de la critique est indissociable d'une réflexion sur les plaisirs. Foucault montre que les Grecs envisageaient les *aphrodisia* (l'ensemble des actes qui procurent une certaine forme de plaisir) comme des éléments centraux dans le « rapport à soi par lequel l'individu se constitue et se reconnaît comme sujet[2] ». Contrairement à ce qui se passera dans la pastorale chrétienne, les plaisirs antiques ne sont pas saisis sous la catégorie du péché. Ils font plutôt l'objet d'un examen scrupuleux au cours duquel le sujet problématise son rapport à lui-même et interroge ses manières d'agir et de ressentir. Plutôt que les catégories du bien et du mal, ce sont celles de la mesure et de l'excès qui viennent au premier plan du souci de soi. Il ne s'agit pas de renoncer aux plaisirs au profit d'une morale univoque de la chasteté, mais d'établir un équilibre entre incontinence et frustration. Cet équilibre est l'objet d'un ensemble de discours philosophiques, diététiques, amoureux qui invitent le sujet à mesurer son être à la manière dont il agence ses agréments. Foucault étudie les « techniques de soi » (retarder son plaisir pour le rendre plus intense, s'exercer à

1. Un cours au Collège de France donné par Foucault dans ses mêmes années s'intitule *Herméneutique du sujet* (Paris, Gallimard/Seuil, 2001).

2. Michel Foucault, *L'Usage des plaisirs*, Paris, Gallimard, 1984, p. 13.

l'abstinence, discourir sur les vrais biens, se souvenir de ce que l'on a possédé autrefois pour ne plus souffrir de ce dont on manque aujourd'hui, etc.) comme autant d'opérations qu'un sujet pratique sur son corps et sur son langage afin d'atteindre à une certaine plénitude.

Si notre hypothèse est la bonne, les analyses de Foucault n'ont pas un but historique, elles ne se limitent pas non plus à renouveler le rapport entre subjectivité et vérité. Il s'agit surtout d'élaborer un sens du mot « critique » qui se tienne à bonne distance de ses usages révolutionnaires ou même juridiques (la transformation sociale pour l'égalité ou la réforme institutionnelle au bénéfice du droit). Ce faisant, Foucault saisit une dimension centrale de la politique du plaisir : elle ne s'adresse pas uniquement aux cadres économiques et juridiques qui régissent la société. Les morales hellénistiques qui retiennent son intérêt sont élaborées sur fond de déclin de la cité, à une époque où la politique au sens institutionnel du terme entre en crise. C'est bien pourquoi le plaisir se situe en leur centre : on l'a déjà vu, l'expérience du plaisir inscrit une certaine liberté des corps dans les coordonnées de la société existante, sans attendre sa transformation hypothétique. Le sujet antique « agit sur lui-même, entreprend de se connaître, se contrôle, s'éprouve, se perfectionne, se transforme[1] », alors même que les conditions d'une modification collective de la société ne sont plus remplies. Ce sujet accède au jugement critique sur ce qu'il vit par une réflexion sur ce qu'il fait de son corps. Au plus loin de la condamnation

1. *Ibid.*, p. 40.

morale des plaisirs, la différence entre bien vivre et vivre selon le bien disparaît. L'intuition de Foucault est que ce genre de problèmes va se poser à nouveau aux sujets contestataires de la fin du XXe siècle.

Sur ce point, le philosophe a mis en lumière le préalable de toute « politique du plaisir » : partir de ce qui est d'ores et déjà donné en matière de jouissances pour en faire, non un acquiescement à l'ordre établi, mais le point de départ d'une transformation. L'érotisme, mais aussi l'alimentation, l'entretien de son corps ou la sociabilité amicale ne sont pas hors politique, ils nous invitent plutôt à envisager la politique autrement que comme une science objective dénuée de tout ancrage sensible. Malheureusement, Foucault a tendance à réduire cette transformation par les plaisirs à une modification de soi, une « esthétique de l'existence » qui joue avec les normes, mais n'imagine pas pour autant d'instaurer un autre jeu. L'individu qui se constitue à travers une réflexion sur les *aphrodisia* est au plus loin du militant qui rêve de subvertir la société (de fait les Anciens étaient étrangers à tout idéal révolutionnaire). C'est pourquoi Foucault assimile le sujet révolutionnaire au sujet désirant qui postule à tort qu'il ne rencontre jamais sur sa route que des mécanismes de répression ourdis par le pouvoir. Le sujet révolutionnaire-désirant oppose ses droits à l'ordre du monde et veut, pour cela, le renverser. Tournée explicitement contre le freudo-marxisme et, plus discrètement, contre Deleuze[1], la

1. De là, la lettre « Désir et plaisir » que Deleuze lui écrira sans jamais la lui envoyer (voir plus haut, p. 44 *sq.*).

thèse de Foucault est que le désir a quelque chose d'irrémédiablement romantique, donc de naïvement contestataire. En effet, le désir oppose abstraitement ses revendications au « non » de la Loi, là où les plaisirs contournent les normes, jouent avec elles ou s'en moquent. Mais en ayant renoncé à les abolir.

Si Foucault voit bien que le désir renvoie à l'imaginaire tandis que le plaisir concerne les pratiques réelles, il laisse dans l'ombre le rapport qui, dans la perspective d'une action *collective*, doit s'établir entre « changer sa vie » et « transformer le monde ». En ce sens, il pressent les modifications de l'espace de la critique après l'abandon du modèle révolutionnaire, mais sans mettre en garde contre certaines de leurs impasses.

Certes, les Anciens qui intéressent Foucault ne comptabilisent pas encore leurs privilèges. Mais ils se demandent déjà si la manière dont ils jouissent est à la hauteur de l'idée qu'ils se font d'eux-mêmes et du bien. Lorsqu'ils s'obligent à une certaine austérité dans le domaine de la sexualité, ce n'est pas au nom d'une morale universelle qui condamne les plaisirs, mais en vertu d'un « principe de stylisation de la conduite pour ceux qui veulent donner à leur existence la forme le plus belle et la plus accomplie possible[1] ». L'édification d'une cité parfaite n'est plus à l'horizon de ce genre d'engagement, mais le perfectionnisme moral n'en disparaît pas pour autant : il cesse simplement d'être collectif pour devenir individuel. Pour faire de sa vie une « œuvre d'art », il faut exercer un contrôle permanent sur ses plaisirs. Peu importe, au fond, que ce

1. Michel Foucault, *L'Usage des plaisirs*, *op. cit.*, p. 323.

contrôle soit destiné à maximiser la jouissance ou à la limiter. Dans les deux cas, il s'agit de soumettre son corps à une forme de vie que l'on jugera digne d'être exposée aux autres. De là que les plaisirs antiques partagent avec les nôtres le fait d'être si bavards : ils ne cessent de se dire (dans des manuels de diététique, des discours sur les humeurs, des conseils de sagesse) pour faire la preuve de leur propre légitimité.

Pour désigner le rapport critique que, en interrogeant ses plaisirs, le sujet établit avec lui-même, Foucault utilise souvent la formule « être à la verticale de soi-même ». Rester critique après avoir renoncé à une émancipation collective, c'est adopter un regard plongeant sur ses propres pratiques dans le but d'établir un rapport à soi fondé sur la maîtrise. Ce regard vertical est ce qui reste au sujet comme expérience de liberté quand l'espoir d'une transformation sociale globale s'est absenté. Le privilège accordé par Foucault aux Anciens s'explique par le fait que ces derniers considéraient que l'ordre cosmique est inaltérable, donc qu'un bouleversement profond des rapports sociaux est hors d'atteinte. D'après notre hypothèse, le philosophe écrit aussi pour ses contemporains, soit des sujets en quête d'une pratique postrévolutionnaire de la critique. Il montre très bien que la question des plaisirs est à la croisée des chemins : il s'agit d'expérimenter des modifications de soi qui ne dépendent plus d'une attente dans le Grand Soir.

On peut tout de même se demander si demeurer en permanence « à la verticale de soi-même » ne produit pas de nouvelles disciplines suspicieuses à l'égard du moindre plaisir. Un exemple montre à la fois la préscience de Foucault et les limites de son approche. Dans *L'Usage des plaisirs*, il explique que, pour les Anciens, la réflexion sur les *aphrodisia* accorde une place considérable aux « prescriptions alimentaires[1] ». Au plus loin du pansexualisme hérité de Freud, l'éthique grecque des plaisirs porte au moins autant sur le choix d'une nourriture adéquate que sur les relations érotiques entre les individus. C'est pourquoi elle comporte une diététique qui s'interroge sur le « régime » qu'un sujet doit suivre pour demeurer maître des usages de son corps. Pensé sur le modèle de l'alimentation, ce « régime » peut être étendu à l'érotique (que puis-je « consommer » du corps de l'autre sans céder à la démesure ?) ou à la gymnastique (quelle activité physique dois-je exercer pour sculpter mon corps ?). Cette généralisation du concept de « régime » semble correspondre à une époque, cette fois-ci la nôtre, où la réflexion sur l'alimentation a pris un tour politique inattendu.

En effet, réfléchir à nos habitudes culinaires en envisageant de les modifier est devenu une activité centrale dans l'exercice contemporain de la critique. Cela s'explique pour une part par l'importance prise par les problèmes écologiques : la surconsommation de viande, en particulier, ne semble plus pouvoir être envisagée comme une simple question de goût compte-tenu des effets de l'élevage intensif sur le réchauffement climatique. Plus généralement, la souffrance animale, longtemps ignorée par la critique sociale, est devenue un élément important dans la remise en

1. *Ibid.*, p. 71.

cause de l'« enfer » contemporain. Les critiques végétariennes montrent qu'à la question de savoir pourquoi l'on mange de la viande, on ne peut se contenter de répondre : « Parce que c'est bon. » En effet, ce n'est jamais de la « viande » que l'on mange, mais des animaux préalablement mis à mort au terme d'une « vie » marquée par la souffrance[1]. On a là un exemple de ce que le plaisir seul ne peut être invoqué comme un argument qui met un terme à la discussion. La réflexion subjective sur le plaisir (qu'est-ce que je mange quand je mange de la viande ? de quel système de prédation suis-je le complice ?) initie une attitude critique que le sujet adopte d'abord vis-à-vis de lui-même et de ses goûts.

Aussi longtemps que cet examen des plaisirs carnivores demeure solidaire d'une prise de conscience de leurs aspects sociaux inaperçus (le traitement dégradant des bêtes, les ravages écologiques provoqués par l'industrie agro-alimentaire, l'objectivation du vivant), le lien entre changer sa vie et transformer le monde est maintenu. Le passage de la critique du « régime » des corps individuels à celle du régime économico-social se fait sans difficulté : nos plaisirs alimentaires sont aussi liés au contexte historique dans lequel nous vivons que les autres, on peut donc vouloir les modifier en modifiant ce contexte. Mais lorsqu'il s'agit de changer sa vie pour se séparer d'un monde que l'on juge infernal, la volonté de se tenir « à la verticale de soi-même » se mue en attitude culpabilisante. Ce n'est pas un hasard si la pensée végétarienne la plus

1. Voir Florence Burgat, *L'Homme carnivore*, Paris, Seuil, 2017.

radicale trouve une de ses sources chez les Anciens étudiés par Foucault dans *L'Usage des plaisirs*. Au IIIe siècle, le philosophe néoplatonicien Porphyre établissait déjà une équivalence entre manger de la viande et « commettre un meurtre[1] ». Aucun horizon politique n'est à l'horizon de ce jugement, les problèmes liés à la crise écologique n'y prennent évidemment aucune part. Pour cette morale antique, l'alimentation carnée procède d'une généralisation illégitime du sacrifice des animaux offerts aux dieux. Après Plutarque, Porphyre livre une description horrifique des chairs sanglantes que les hommes ingurgitent sans y penser. Comme dans le véganisme, le moindre usage humain de la vie animale, la gorgée de lait non moins que la bouchée de viande, est assimilé à un crime doublé d'une souillure. La chair animale ressemble trop à la chair humaine pour que l'alimentation carnivore soit autre chose qu'une forme d'anthropophagie.

Dans la discipline végane, la radicalité passe tout entière dans l'impératif de purifier sa vie et, tendanciellement, de convertir celle des autres à la pureté. À la différence des critiques végétariennes de la société, l'ascèse végane considère que l'enfer ne réside pas seulement dans la consommation de la chair animale, il se niche jusque dans les plaisirs humains minuscules qui engagent les corps des animaux. L'usage des chevaux par les cavaliers comme la consommation d'œufs sont prohibés au nom de l'exploitation du « travail » des animaux. Ici perce déjà une difficulté. Dans la

1. Porphyre, *De l'abstinence*, tome 2, Paris, Le Belles Lettres, 1979, p. 75.

doctrine végane, les hommes sont censés être des animaux comme les autres, la seule chose qui les distingue étant la culpabilité liée à leur prédation. Pour autant, aucune thèse végane n'a, à notre connaissance, proscrit l'usage du travail humain, ce qui obligerait à ne plus procéder à aucun achat, à ne porter aucun vêtement et à ne se nourrir d'aucun aliment, même végétal, qui engage une activité humaine. Sans doute un végane objecterait-il que le travail humain est libre, à la différence de celui que l'on impose aux animaux. Un peu de critique sociale lui permettrait pourtant de savoir ce qu'il faut penser de cette « liberté » dans le contexte du salariat obligatoire.

Contrairement à ce qu'escomptait Foucault, l'examen des plaisirs et le souci de soi n'initient pas, dans tous les cas, une critique porteuse d'émancipation. Ces techniques de soi semblent plutôt rejouer un idéal inaccessible de la sainteté qui s'avère d'autant plus intransigeant qu'il s'oppose à un monde corrompu par nos plaisirs. Une mythologie de la vie pure qui finit par rendre presqu'impossible le fait de vivre n'a rien, il est vrai, de spécifique à la gauche. Par leur naturalisme intransigeant et leur culte de la vie biologique, certains mouvements véganes se classent plutôt à l'extrême droite. Pour comprendre comment le regard critique sur soi-même et les usages de son corps a pu s'imposer, y compris à gauche, comme un préalable indispensable à l'action politique, il faut se tourner vers une tendance lourde du présent elle aussi anticipée par Foucault : le retour en grâce des attitudes ascétiques.

LA TENTATION ASCÉTIQUE

> Prendre son vol chaque jour ! Au moins un moment, qui peut être bref, pourvu qu'il soit intense. Chaque jour un exercice spirituel – seul ou en compagnie d'un homme qui, lui aussi, veut s'améliorer. Exercices spirituels. Sortir de la durée. S'efforcer de dépouiller tes propres passions, les vanités, le prurit de bruit autour de ton nom [...]. Cet effort sur soi est nécessaire, cette ambition juste. Nombreux sont ceux qui s'absorbèrent entièrement dans la politique militante, la préparation de la révolution sociale. Rares, très rares, ceux qui pour préparer la révolution, veulent s'en rendre dignes[1].

Ces lignes ont été écrites par Georges Friedmann, un sociologue engagé à gauche, proche pendant un temps du Parti communiste français et résistant de la première heure. Tirant la leçon de son aveuglement stalinien, Friedmann remarque que les partisans de la révolution sociale ont trop souvent considéré les questions éthiques comme secondaires. Obsédés par les injustices créées par le capitalisme, ils n'ont guère été attentifs aux injustices personnelles dont ils pouvaient se rendre responsables dans leurs actions quotidiennes. Convaincus d'être portés par le sens de l'histoire, ils ont, en outre, omis de « sortir de

1. Georges Friedmann, cité par Pierre Hadot en exergue de *Exercices spirituels et philosophie antique* (Paris, Albin Michel, 2002). Pierre Hadot a joué un rôle capital dans l'initiation de Michel Foucault aux ascèses antiques.

la durée », c'est-à-dire de procéder à un examen de leurs actions qui n'emprunte pas ses règles à la seule discipline du parti. S'ils avaient cherché à s'améliorer eux-mêmes par l'examen de conscience et le dialogue avec les autres, ils auraient refusé de subordonner les moyens à la fin au risque de la violence extrême. Avant de se jeter à corps perdu dans les préparatifs d'une révolution qui allait emporter beaucoup d'entre eux, ils auraient travaillé à se « rendre dignes de la révolution », ce qui est le seul moyen d'en limiter les excès.

Bien avant que la critique de gauche ne se convertisse tendanciellement en une autocritique des manières de dire, de faire et de vivre, Friedmann livre ici un résumé du scrupule qui, après tant d'erreurs, devrait s'emparer de tout individu qui entreprend de transformer le monde. Se rendre « digne » de la révolution signifie établir une distance avec soi qui empêche l'adhésion inconditionnelle à des dogmes. Au terme d'un siècle marqué par des crimes perpétrés au nom du « bien », cette volonté de fonder une éthique de l'engagement est salubre. Elle rappelle qu'avant d'être le membre d'une avant-garde, le révolutionnaire est un être humain qui ne peut s'abriter derrière sa cause pour s'exonérer de la morale ordinaire. Friedmann considère à raison que le chemin vers la vérité (*methodos*) qu'emprunte la subversion n'importe pas moins que la vérité au nom de laquelle elle mène sa lutte. On peut néanmoins s'interroger sur la méthode à laquelle il délègue le soin de rendre meilleurs les militants à venir de la transformation sociale. En employant la formule « exercices spirituels », Friedmann se réfère à l'ascèse, c'est-à-dire à un ensemble de disciplines et de techniques qui permettent au sujet de s'exercer à une vie lucide et exempte de reproches.

Aujourd'hui, le risque pour une partie de la gauche est davantage de céder à la tentation ascétique que de se précipiter à nouveau de manière irréfléchie dans l'illusion révolutionnaire. Dans certains cercles militants, se rendre digne de la révolution implique, par exemple, de rompre avec le « mythe viriliste de la barricade ». L'idée est qu'il faut faire précéder l'action contestataire d'une réflexion sur ses propres modalités. Quand elle devient synonyme d'une éthique ascétique de la pureté, cette réflexion prend toutefois un tour qui condamne l'action collective à l'impuissance. Si la barricade apparaît « viriliste », c'est parce que la question de la place qu'y occupent les femmes n'y serait pas assez interrogée. Même dans les périodes insurrectionnelles, il faut quelqu'un pour s'occuper des enfants : faute de réfléchir à cette contrainte, les révolutionnaires du passé auraient eu tendance à exclure les mères de famille de la rébellion. À ce genre de considérations, on est tenté de répliquer que l'histoire et la littérature ont déjà répondu, par exemple avec Louise Michel et Gavroche. Il n'est pas sûr, d'autre part, que les contestataires d'hier aient eu tort de ne pas faire précéder leurs actions d'exercices spirituels qui devaient les purifier de tout préjugé. S'ils l'avaient fait avec trop de scrupules, il est à craindre que le temps passé à délibérer de l'édification de barricades non genrées aurait été mis à profit par l'armée et la police pour rétablir l'ordre.

La morale d'une action collective se construit au cours de cette action, elle ne la précède pas. Lors des Printemps arabes, des militantes féministes se sont retrouvées aux côtés de salafistes : elles n'ont pas jugé qu'une telle proximité compromettait leur combat au point d'y renoncer. Il est vrai que les mots d'ordre et les représentations de soi ne sont jamais les mêmes pour chaque insurgé. Le pari est plutôt qu'au cours d'une lutte des expériences communes permettront de transcender les différences au profit d'une solidarité entre les corps rendue concrète par le simple fait de se « rassembler[1] ». Le plaisir de se retrouver ensemble pour la première fois est au cœur de ces expériences communes dans la mesure où il modifie les représentations que les manifestants avaient de ce qu'est une mobilisation juste. Certes, ce pari est toujours risqué : l'échec d'un mouvement social s'explique souvent par la réapparition d'intérêts divergents au sein des groupes contestataires. Le risque de voir réapparaître ces divergences est pourtant préférable à une ascèse qui postule au départ de l'action une unité qui, dans le meilleur des cas, ne sera donnée qu'à la fin.

De ce point de vue, il n'est pas toujours pertinent d'imaginer ce que serait une mobilisation menée selon les critères d'une morale perfectionniste[2]. La tentation ascétique se repère ici dans l'exigence de demeurer

1. Voir Judith Butler, *Rassemblement. Pluralité, performativité et politique*, Paris, Fayard, 2013.

2. De nos jours, les rares barricades dressées en Occident sont aussi souvent réactionnaires que progressistes. L'assaut du Capitole le 6 janvier 2021 a montré que les insurrections d'extrême-droite ne s'embarrassent pas de considérations préalables sur leur caractère

« éveillé » pour ne rien laisser échapper des inégalités qui viennent se loger jusque dans l'intimité des corps. On a déjà indiqué les raisons pour lesquelles il faut se méfier des critiques du « wokisme » qui présentent cette nouvelle « idéologie » comme un danger redoutable pour les valeurs de la démocratie. Ce que l'on peut en dire sans être dupes des manipulations tient au mot lui-même et à l'exigence qu'il recouvre. Né dans le sillage des lutte antiracistes menées aux États-Unis, le terme *woke* est un emprunt de l'argot afro-américain dérivé de *awake*[1]. Devenu populaire (surtout chez ses adversaires) lors des manifestations consécutives à l'assassinat de George Floyd par la police (Black Lives Matter), ce mot désigne la nécessité de demeurer vigilant face aux discriminations subies par les minorités, y compris lorsque ces discriminations se retrouvent dans l'attitude inconsciente des contestataires. À ce titre, l'éveil participe, au même titre que l'intersectionnalité ou que les études de genre, d'une sensibilisation bienvenue des consciences à la multiplicité des injustices. C'est seulement lorsqu'il prend la figure d'une contrainte permanente et se transforme en nouvelle discipline qu'il devient politiquement discutable en même temps qu'hostile au plaisir.

Un rapport caricaturalement à charge commandé par la Fondation pour l'innovation politique a récemment incriminé Michel Foucault dans l'apparition du

« viriliste ». Cela n'enlève rien à leur caractère détestable, mais explique peut-être pourquoi elles ont lieu.

1. Voir Pap Ndiaye, « Les militants woke s'inscrivent dans une histoire longue de mobilisation politique de la jeunesse », *Le Monde*, 8 février 2021.

« wokisme », en particulier son relativisme qui rabattrait le savoir sur le pouvoir[1]. Plutôt que de se référer à une thèse aussi sommaire (et qui n'a du reste jamais été celle du philosophe), l'auteur de ce rapport aurait été mieux inspiré de citer l'importance que Foucault accorde au thème de l'ascèse dans son œuvre tardive[2]. Une nouvelle fois, l'auteur de *L'Usage des plaisirs* est aussi intéressant par sa préscience que par l'influence de ses thèses sur les mouvements de gauche contemporains. Bien avant que l'on parle du « wokisme », mais alors qu'il était déjà au fait des débats de la gauche américaine, Foucault a compris que l'ascèse allait redevenir un enjeu pour la critique. Or, l'éveil est une dimension centrale de l'ascèse : on le retrouve aussi bien dans le bouddhisme que dans la morale puritaine. Dans ce cadre, il ne désigne pas l'exigence de connaitre (par exemple les déterminismes sociaux, raciaux ou de genre qui nous poussent à agir), mais plutôt l'injonction *à vivre et à agir selon ce savoir.* Savoir, par exemple, que je suis déterminé par ma couleur de peau ou par mon orientation sexuelle, et me le rappeler en permanence, c'est m'exercer à ne plus agir ou à ne plus penser selon cette détermination, donc à m'ouvrir aux expériences de l'injustice vécues par ceux qui ne les partagent pas. Le fait d'être en éveil face aux injustices, de les repérer en soi non moins que dans le monde, participe du mode de

1. Pierre Valentin, « L'idéologie woke », juillet 2021, www.fondapol.org.

2. C'est particulièrement le cas dans le cours de 1981 intitulé *Herméneutique du sujet, op. cit.*

subjectivation ascétique tel que défini par Foucault : il s'agit de « constituer le sujet de connaissance vraie comme sujet d'action droite[1] ».

L'ascèse est faite de mémorisations, de méditations et d'exercices qui permettent à un sujet d'ajuster son rapport à lui-même à son rapport à la vérité. Elle repose sur des techniques et des méthodes destinées à purifier le lien entre le sujet et ses représentations. La connaissance n'y est pas envisagée comme un but en soi, encore moins comme un tremplin vers l'action collective. Elle est mise au service d'un savoir spirituel qui place le sujet dans une situation de pleine maîtrise par rapport à ce qui lui arrive. Attardons-nous sur l'une de ces techniques, étudiée longuement par Foucault[2], qui permet de mesurer ce qu'il y a de périlleux, surtout pour la gauche, dans les politiques de l'ascèse. La « présomption du malheur » (*praemeditatio malorum*) est un exercice valorisé en particulier dans le stoïcisme qui consiste à considérer les pires des maux comme devant nécessairement se produire. Le présupposé d'un tel exercice spirituel est que l'avenir est la dimension irréelle du temps, ce pourquoi le sujet souffre de se rapporter à lui sur le mode de l'espérance ou de la crainte. Comme je ne maîtrise rien de ce qui sera, je suis sans cesse exposé aux déceptions, aux drames et aux chagrins qui menacent d'advenir dans ma vie. Pour exorciser cette soumission au futur, l'ascèse stoïcienne enjoint de s'exercer à considérer *comme d'ores et déjà présents* les malheurs qui menacent n'importe

1. Michel Foucault, *L'Herméneutique du sujet*, *op. cit.*, p. 465.
2. *Ibid.*, p. 435-454.

quelle vie humaine. Cette technique vise à demeurer en éveil face au pire, de telle sorte que, s'il advient, il ne constituera pas un événement, mais tout au plus une confirmation de ce que le sujet avait déjà prévu. Vivre à tout instant dans l'imminence du malheur, c'est neutraliser la dimension même de l'avenir en se rendant par avance insensible aux douleurs qu'il pourrait charrier.

Peut-être valable du point de vue d'une éthique personnelle, cet exercice spirituel devient éminemment discutable lorsqu'il est appliqué à la politique. En se focalisant sur le pire, on se prépare à condamner en bloc les plaisirs vécus dans l'insouciance. C'est ce qui se produit dans le « Monologue du virus » étudié au début de ce chapitre, mais cela advient plus généralement dans toute critique politique hantée sur l'imminence de la catastrophe. L'anticipation du malheur est une technique ajustée à des temps apocalyptiques où l'avenir n'est jamais saisi que comme une menace. Il n'est guère étonnant qu'on le retrouve aujourd'hui à l'œuvre dans quantité de catastrophismes plus ou moins « éclairés » qui concluent de la crise écologique à la nécessité de vivre comme si le pire était certain.

Même informé par la science, le catastrophisme demeure solidaire d'une religiosité du salut qui envisage l'avenir collectif sous la figure du mal. À ce titre, il rompt avec l'idée de progrès d'une manière si désespérante que l'on peut se demander si quelque chose comme une ascèse de gauche est seulement possible. Foucault entrevoit ce problème justement à propos de l'anticipation du malheur, lorsqu'il note que « tous les thèmes, par exemple celui du progrès, enfin disons : toute la forme de réflexion sur l'histoire, cette nouvelle dimension de la conscience historique en Occident, sera, je crois, acquise lorsqu'on pourra penser que le regard sur la mémoire est en même temps un regard sur l'avenir[1] ». En effet, le progressisme issu des Lumières postule que le savoir sur le passé n'a pas pour but d'exorciser l'avenir, mais au contraire de le rendre praticable. C'est pourquoi la pensée moderne de gauche a abandonné l'ascèse, et avec elle les éthiques du salut individuel, pour se soucier de combattre les conditions de l'enfer plutôt que d'établir en son sein des îlots de pureté[2].

Si Foucault s'intéresse autant aux exercices spirituels, c'est parce qu'il juge que ce genre d'approche progressiste est parvenue au bout de sa course et que le sujet critique postrévolutionnaire doit renouer avec l'ascèse des Anciens. Ce projet entre toutefois en contradiction avec celui d'une réhabilitation politique du plaisir. Foucault déploie une énergie considérable pour montrer qu'à la différence de l'ascèse chrétienne, l'ascétique païenne n'est pas hostile au plaisir. Sur ce point, pourtant, il échoue à convaincre comme le montre entre autres l'exemple de l'anticipation du mal. En plus du fait qu'une vie menée dans la certitude du pire est peu propice à la joie, il faut reconnaître que *toute ascèse* a pour but de prémunir le sujet contre l'inattendu, que celui-ci soit fait de douleurs ou de plaisirs.

1. *Ibid.*, p. 446.
2. Sur les impasses politiques du catastrophisme, nous nous permettons de renvoyer à Michaël Fœssel, *Après la fin du monde. Critique de la raison apocalyptique*, Paris, Seuil, 2012.

L'ascèse n'est pas, en tant que telle, hostile au plaisir – on ne comprendrait pas, sinon, pourquoi Foucault a consacré tant d'efforts à la réhabiliter. Elle est hostile, en revanche, à toute expérience de l'imprévisible qui abandonne aux hasards temporels de l'expérience le soin de décider du sens de ce que nous vivons. Selon Sénèque, « il n'est pas de mortel chez qui la surprise n'ajoute au chagrin[1] ». Or, ce qui vaut du chagrin vaut aussi du plaisir : le meilleur moyen de faire qu'il ne soit pas un événement imprévu est de le prévoir, de l'anticiper, d'en calculer les effets. Mais un plaisir qui cesse d'être un événement cesse aussi d'être un plaisir, en tout cas un plaisir politiquement signifiant[2].

Pour comprendre en quoi l'ascèse est hostile à l'expérience du plaisir en même temps qu'étrangère à la conscience de gauche, il faut se référer à une autre approche de ce phénomène que celle de Foucault. La thèse de Max Weber selon laquelle les ascèses puritaines d'origine calviniste entretiennent une affinité élective avec l'esprit du capitalisme est célèbre. Nous n'avons pas à l'exposer ici, sinon pour rappeler que l'ascèse telle que l'entend Weber est une « maîtrise *vigilante*, volontaire et hostile aux instincts » qui implique « une réglementation systématique de sa vie, subordonnée à la finalité religieuse[3] ». Comme toute

1. Sénèque, « Lettre 91 à Lucilius », cité par Michel Foucault, *Herméneutique du sujet*, *op. cit.*, p. 450.

2. Notre chapitre 3 reviendra sur le rapport entre plaisir et événement à propos de la sexualité.

3. Max Weber, « Voies de la délivrance et effets sur la conduite de vie », dans *Sociologie de la religion*, trad. I. Kalinowski, Paris, Flammarion, « Champs », 2002, p. 331.

ascèse, l'ascèse protestante vise à conjurer l'inattendu par un examen méthodique de sa vie, de ses manières de parler et d'organiser ses jouissances. Les puritains cherchaient à accéder à une forme de salut au sein d'un monde profondément corrompu, et dans lequel le moindre des plaisirs était suspect d'être une compromission avec le mal. La spécificité de l'ascèse analysée par Weber réside dans son aspect communautaire : agir de manière ascétique consiste à produire des stéréotypes reconnaissables par les autres et qui garantissent les sentiments d'appartenance communautaires. Le lieu originaire de l'ascèse puritaine est la secte, soit une institution qui vise à réunir des esprits éveillés qui refusent tout commerce avec un monde corrompu au profit d'un entre-soi fait de pratiques et de discours rituels. Une secte organise très exactement le paradis dans les conditions de l'enfer, abandonnant ceux des hommes qui ne sont pas ses membres à la perdition.

En quoi cette figure de l'ascétisme est-elle de nature à éclairer la conscience contemporaine de gauche ? L'ascète est un être tourmenté par le risque de se perdre. Cette peur, explique Weber, le pousse à s'entourer d'êtres qui soumettent leurs instincts aux mêmes renoncements que lui. Il fonde sa vie sur l'exclusion de tout ce qui n'est pas propre à le confirmer dans sa croyance d'appartenir aux « élus » qui, mieux que les autres, ont compris de quoi étaient faites les iniquités du monde. En ce sens, la gauche « identitaire » emprunte plus d'un trait à la psychologie héritée de l'ascèse puritaine. Faut-il, pour autant, dire, comme le font les conservateurs, que la gauche contemporaine s'engage *spécifiquement* dans des dérives sectaires et identitaires ? Ce serait ne rien comprendre au fait que la tentation ascétique concerne l'homme moderne en général, et singulièrement le type d'homme qui est à l'origine de l'« esprit du capitalisme ».

Weber établit ce point dans une phrase d'une profondeur extraordinaire : « Le tourment qui habite en secret l'homme moderne ne provient pas d'avoir accompli ceci ou cela, mais d'*être* ainsi fait – sans y être pour rien, par sa constitution immuable – qu'il a été *capable* de le faire[1]. » Cette phrase délivre le sens de ce que, de nos jours, on fait mine de découvrir : les passions identitaires de l'individu occidental moderne. Ce qui, en lui, demeure de l'ascèse protestante est cette croyance que chacun de ses actes engage sa personnalité la plus profonde, en sorte qu'il joue son salut à chaque instant. Nous sommes loin de l'image optimiste de l'ascèse foucaldienne. Se tenir « à la verticale de soi-même », c'est se demander qui je suis pour avoir pu parler, agir ou jouir de cette manière, qui plus est dans un monde marqué par la corruption. Il y a bien là quelque chose d'identitaire, mais cela n'a rien de propre à la gauche. C'est plutôt l'impératif d'être en permanence à la hauteur de l'idée que l'on se fait de sa propre subjectivité qui est la cause du tourment.

La seule spécificité de l'ascèse de gauche consiste à porter à une certaine incandescence morale l'exigence de bien agir dans un monde corrompu. Peter Sloterdijk a parfaitement résumé cet impératif dans la formule : « Tu dois te conduire à tout moment de telle sorte

1. *Ibid.*, p. 240.

que tu anticipes dans ta personne le meilleur dans le mauvais[1]. » Cette gestion de soi et de ses plaisirs selon les critères de l'optimisation n'est pas le propre de la gauche, on la retrouve dans les salles de *fitness*, les tentatives de sculpture de soi et de son corps (*autodesign*), le management de l'*empowerment*, le développement personnel et les manuels destinés à livrer les secrets d'une vie sexuelle performante. C'est justement sur ce point que le bât blesse. Historiquement, la gauche a constitué une force de résistance à ce genre de perfectionnisme moral individualiste fondé sur la rationalisation utilitaire des plaisirs. Ses représentants ont considéré que les efforts épuisants destinés à faire de nos vies des œuvres d'art ou des modèles de moralité n'en valaient pas la chandelle, du moins aussi longtemps que règne une organisation inique de la société.

Aujourd'hui, la gauche est confrontée à la même tentation ascétique que celle qui caractérise le néolibéralisme : faire de sa vie une entreprise où l'on tient le compte serré des coûts et des bénéfices, des plaisirs que l'on peut encore s'offrir et de ceux qui menacent notre idéal de ce qu'est une vie réussie. Tout au plus la gauche moralise-t-elle ce que l'utilitarisme néolibéral analyse dans des termes strictement économiques. En face, les réactionnaires tirent tout le bénéfice qu'ils peuvent attendre d'un tel alignement. Les sorties de Trump contre ce qu'il juge être les ravages de la culture « woke » tiennent en une formule d'apparence hédoniste mais qui ne fait que jouer l'ascèse de la

1. Peter Sloterdijk, *Tu dois changer ta vie*, Paris, Fayard, « Pluriel », 2015, p. 459.

réussite contre celle de l'éveil : « *Woke means you're a loser*[1]*!* » On ignore si Trump et ses partisans savent ce que le capitalisme qu'ils chérissent doit à l'ascèse qu'ils pourchassent aujourd'hui avec tant d'entrain. Mais il est urgent de se demander comment le plaisir a pu redevenir un thème prisé par une droite fatiguée d'être austère.

1. Donald Trump, *Fox News*, 10 septembre 2021.

Intermède

Portrait du réactionnaire en bon vivant

C'est toujours une voix d'homme. Même lorsqu'il s'agit d'une femme, son discours est masculin jusqu'à la caricature. Le réactionnaire bon vivant célèbre les plaisirs d'hier. Or, sinon dans la littérature, les femmes d'hier étaient davantage des instruments de jouissance que des sujets de plaisir. Autrefois, on respectait par exemple la « liberté d'importuner » pratiquée dans le métro par ceux que l'on n'appelait pas encore les « frotteurs »[1]*. C'est sans doute pour cela que les bonnes vivantes d'aujourd'hui ne circulent pas en métro : déjà qu'ils sont inconfortables, les trajets n'offrent même plus l'opportunité d'être séduites. Autant prendre un taxi.*

En matière de plaisirs, tout était mieux avant. Les bons vivants nostalgiques ne s'entendent pas sur la date qui marque le début de la catastrophe (1789, 1968 ou l'apparition de #MeToo), mais ils se

1. « Nous défendons une liberté d'importuner, indispensable à la liberté sexuelle », tribune signée par cent femmes (dont Catherine Deneuve, Ingrid Caven, Catherine Millet et Brigitte Lahaie), *Le Monde*, 9 janvier 2018.

retrouvent sur les coupables : des féministes acariâtres converties à l'écologie, le mouvement LGBT, les belles âmes de gauche, tous suspects de sympathies douteuses pour l'islamisme qui, comme chacun sait, est indulgent envers les féministes, les gays, les lesbiennes et les belles âmes. En somme, le progressisme nous a fait perdre les plaisirs d'avant en les soumettant à la « passion égalitaire » française. Pour le réactionnaire bon vivant, il n'y a pas plus de progrès que d'égalité dans le plaisir. De toute éternité (du moins jusqu'en 1789, 1968 ou l'apparition de #MeToo), les hommes se délectent des mêmes choses et ils le font de la même manière. Il faut admettre qu'il n'est pas donné à tout le monde de jouir ; dans ce domaine, il y a toujours eu des forts et des faibles. C'est l'essence du plaisir : puisqu'on le prend, il faut bien le prendre à quelqu'un. Le « frotteur » le prend aux femmes, ce qui démontre au moins qu'il les désire[1]*. Le carnivore le prend aux animaux, lui parler des conséquences de l'élevage intensif menace de lui gâcher le goût de la charcuterie*[2]*. À bien y réfléchir, le riche le prend au pauvre. Mais il est si agréable d'avoir quelqu'un pour servir à table, même en période de confinement*[3]*.*

Pour le bon vivant de droite, tout était mieux avant, même la gauche. Dans la presse conservatrice, il lit avec consternation que les progressistes ont échangé

1. « On m'a accusé de tout, sauf d'être homosexuel » : Silvio Berlusconi à propos de ses soirées « bunga bunga ».

2. « Ils sont anti viande, anti tradition, anti joie de vivre : les écolos sectaires », *Valeurs actuelles*, 3 mars 2021.

3. Philippe Bilger, « Dîners privés : le confinement réveille la délation », *Causeur*, 9 avril 2021.

la lutte des classes contre la lutte des races et celle des sexes[1]*. C'est peut-être vrai, mais il est plus certain encore que la même presse explique depuis un siècle et demi que la lutte des classes est une lubie marxiste sans fondement doublée d'un attentat contre l'unité du peuple. Qu'importe, la nostalgie des plaisirs perdus réunit dans une belle synthèse l'intégralité du passé national. Les merguez des manifestations de la* CGT *côtoient sans contradiction les délices des fêtes versaillaises.*

« Où sont passés les communistes à la française ? Qu'on nous rende Maurice Thorez, Georges Marchais et les bals musettes de la Fête de l'Huma des années 1960 ! » On ne s'attendait pas à voir ce genre de complaintes venir de ce côté-ci de l'échiquier idéologique. Face à l'immense conjuration de la gauche bien-pensante contre l'hédonisme, il ne faut reculer devant aucune tendresse a posteriori.

Staline est mort, mais le wokisme, lui, est bien vivant. Les réactionnaires épicuriens adorent parler de la gauche, mais à condition de ne pas l'inviter sur leurs plateaux de télévision. Ils préfèrent commenter dans un entre-soi rigolard les dernières trouvailles misérabilistes à l'œuvre sur les campus américains. Presque toujours atlantiste, le bon vivant réactionnaire déteste pourtant l'université américaine. Qu'une chercheuse française installée dans le Connecticut ait l'idée (il est vrai saugrenue) d'associer la cuisine française à la « blanchité alimentaire », et l'on peut être sûr que CNews *va déprogrammer ses sujets habituels sur le*

1. *Le Figaro Vox*, à peu près tous les jours.

« Grand Remplacement » pour faire toute sa place à la menace planétaire qui pèse sur nos assiettes[1]*. Si des militants et des intellectuels de gauche font de la blanquette de veau à l'ancienne un obstacle à l'émancipation, ils ont tort. Mais combien sont-ils à penser ainsi ? On ne le saura jamais. Qu'un doctorant en sociologie de la culture l'ait envisagé en passant, cela suffit à mobiliser les masses contre le risque imminent d'une révolution dans les cantines.*

Comme il râle tout le temps, il arrive que le réactionnaire bon vivant dise des choses justes. On serait prêt à le suivre, par exemple, quand il s'en prend à l'ascèse hygiéniste, aux cinq fruits et légumes obligatoires sous peine de cancer, à l'apposition de « Fumer tue » sur les paquets de cigarettes ou à la fermeture des cafés dans les zones périurbaines. Il a su épouser la protestation des Gilets jaunes, du moins aussi longtemps que celle-ci ne visait pas le caractère antidémocratique du présidentialisme et le pouvoir de la finance.

Le problème des choses justes que l'on dit en passant, c'est qu'elles peuvent émaner de raisonnements fallacieux. Prononcez le nom de Greta Thunberg, et vous verrez le réactionnaire bon vivant entrer dans une colère noire. Il ne se contentera pas de dire que l'interpellation « How Dare you ? » *(« Comment osez-vous ? ») lancée par l'activiste écologiste à la tribune de l'Onu a quelque chose d'inutilement culpabilisant pour quantité d'adultes qui n'ont aucune responsabilité*

1. Pascal Praud et consorts, « L'heure des pros », CNews, 28 juin 2021.

dans le réchauffement climatique. Il s'emportera encore une fois contre une gauche qui a pris pour égérie une gamine castratrice, même pas jolie, et qui veut mettre de la gêne là où, lui, met ses plaisirs. La messagère l'emporte sur le message : on incrimine ses nattes et son air autiste, mais on ne discute pas de la vérité ou de la fausseté de ses assertions. Détracteur de la « pensée 68 », l'hédoniste antilibertaire n'hésitera pas à dire que Jean Seberg, c'était tout de même autre chose que Greta Thunberg. L'actrice de la Nouvelle Vague avait le mauvais goût de soutenir la cause des Black Panthers, certes, mais son corps avait au moins le mérite de susciter toutes sortes de fantasmes[1].

Ce qui distingue l'hédonisme de droite de celui de gauche est que, pour le premier, le plaisir est soluble dans la culture. Selon lui, les seules jouissances légitimes sont celles que la tradition a avalisées. La gastronomie et la galanterie appartiennent ainsi de plein droit à l'art de vivre à la française : toute critique en la matière équivaut à une trahison de l'identité nationale[2]. *L'idée selon laquelle il y a de nouveaux plaisirs à inventer, et que ceux-ci passent par un partage plus égalitaire des rôles (entre les hommes et les femmes, mais aussi entre les pauvres et les riches ou entre les humains et la nature) est totalement étrangère au réactionnaire bon vivant. Il n'aime que les plaisirs approuvés par le passé. Y compris un passé que les*

1. Voir Luc Ferry, « Ni Jésus, ni Marx : Greta ! », *Le Figaro Vox*, 30 octobre 2019.
2. Voir Michel Onfray, *L'Art d'être français*, Paris, Bouquins, 2021.

esprits chagrins imaginent sombre alors qu'un travail historique sérieux démontre il n'y avait pas que les Allemands pour trouver que, sous l'Occupation, on était heureux comme Dieu à Paris[1].

Le réactionnaire bon vivant ne conçoit pas que la contestation de la culture dominante puisse aussi être joyeuse. Il n'imagine pas davantage que la « civilisation » à laquelle il annexe jusqu'à l'érotisme puisse servir de cache-sexe aux injustices. L'art de vivre à la française est présumé caractériser la vie de tous les Français, du moins celle des Français « de souche ». Il existe bien quelques militants dégénérés qui voudraient rompre avec cet art, mais l'hypothèse selon laquelle une partie importante de la population en est exclue pour des raisons bassement matérielles n'est jamais envisagée. Pour le réactionnaire bon vivant, tous les comportements privés s'expliquent par l'idéologie. Il se scandalise de ce que tant de Français se nourrissent chez McDonald's ou (pire) au kebab du coin plutôt que de se rendre dans un restaurant traditionnel. Que, dans ce domaine, le montant de l'addition joue un rôle plus important que l'américanisation ou l'islamisation de la France lui effleure à peine l'esprit.

L'hédonisme de droite n'échappe pas aux conflits générationnels. Les anciens affiliés à cette école détestent Les Valseuses *dont ils se souviennent qu'il fût un brûlot contre le conservatisme en matière de*

1. Patrick Buisson, *1940-1945, années érotiques*, Tome 1 : *Vichy ou les infortunes de la vertu*, Paris, Albin Michel, 2008, tome 2 : *De la grande prostituée à la revanche des mâles*, Paris, Albin Michel, 2011.

mœurs et où ils continuent à voir un abandon des valeurs conjugales[1]*. Les jeunes, eux, renouvellent la réception de ce film : comme une certaine gauche y voit de la misogynie, il ne peut pas être tout à fait mauvais.*

En effet, dans cet espace idéologique, la jeune génération place le combat contre le féminisme au premier rang de la reconquête des plaisirs français. Souvent plus radical (c'est-à-dire plus énervé) que ses aînés, le jeune réactionnaire bon vivant est aussi davantage au fait des nouvelles technologies. C'est sur YouTube qu'il mène la bataille, dans des vidéos où, pour le coup, seuls des hommes parlent et où les femmes, quand elles apparaissent, servent de potiches souriantes et muettes.

Celui-là est donc toujours un homme, mais il se rêve en ébauche du surhomme. Son auteur de prédilection est Nietzsche, un philosophe que l'on ne peut suspecter ni de féminisme ni d'une indulgence exagérée à l'égard de la modernité démocratique[2]*. S'il n'a pas tort de considérer que le nietzschéisme de gauche est une synthèse assez fragile, le néohédoniste de droite oublie que le propre du surhomme selon Nietzsche est d'inventer de nouvelles valeurs, ce qui implique*

1. « Le film *Les Valseuses* met en scène une double subversion nihiliste. Il fait de la sexualité ostentatoire et de la délinquance les ingrédients fondateurs d'une contre-culture qui subvertit, puis remplacera la culture traditionnelle » (Éric Zemmour, *Le Suicide français*, Paris, Albin Michel, 2014, p. 122).

2. Julien Rochedy, *Nietzsche l'actuel* (autoédition), voir aussi sa chaîne YouTube. Après avoir présidé le Front national de la jeunesse, Rochedy a fondé une école en rééducation masculiniste.

de soumettre la catégorie de « culture » à un soupçon généralisé. Or, c'est la bonne vieille civilisation d'Ancien Régime, avec ses valeurs virilistes et sa promotion de l'amour courtois, qui reçoit la préférence du bon vivant traditionnaliste et juvénile. Rien de bien neuf sous le soleil sinon que le socialiste crasseux d'hier, avec ses fantasmes égalitaires hostiles aux plaisirs aristocratiques, a été remplacé par la féministe pleine de ressentiment et le militant LGBT qui transforme les hommes en femmelettes.

L'influenceur numérique de la droite décomplexée enrage de ne pas parvenir à s'élever au surhumain à cause d'un libéralisme contaminé par la morale des esclaves. Pour se soustraire aux diktats de l'antiracisme et de la décadence féministe, il fait de la musculation. Il a si peur d'être déconstruit qu'il cherche à rendre son corps indestructible. Il a lu quelque part dans Nietzsche que « le corps philosophe ». Il ne lui en a pas fallu davantage pour qu'il décide de devenir bodybuilder.

Sur internet, il se donne des pseudonymes étranges : Raptor, Valek ou Papacito (tous culturistes et dissidents). À ses yeux, le modèle d'une volonté de puissance libérée des forces réactives, c'est le mâle alpha. Les moyens de la faire triompher : une dose quotidienne de stéroïdes, des blagues racistes et un entraînement sportif à toute épreuve. Il se croit en guerre et il a remarqué que les gauchistes étaient un peu gringalets – ce qui n'est pas étonnant puisqu'ils ne mangent plus que du quinoa et vivent dans la terreur des femmes. Avec ses congénères, il n'a pas peur de dire « gonzesses », « blédards » et « pédés » : cela suffit à le convaincre qu'il s'est émancipé des interdits sacerdotaux issus des religions du désert. Nietzsche a consacré des centaines de pages au combat contre l'idéal ascétique européen. Lui en vient à bout par quelques plaisanteries de bistrot.

Pour mener sa croisade, l'hédoniste juvénile a parfois milité au Front national. Jusqu'à ce qu'il se rende compte, paniqué, que ce parti accueille un nombre incroyable d'homosexuels au sein de sa direction. Si même l'extrême-droite a cessé d'être virile, autant poursuivre le combat culturel ailleurs. En attendant qu'un candidat plus présentable sorte du chapeau.

Ces diatribes contre la tyrannie des nouveaux moralisateurs de gauche ne se caractérisent pas toujours par la cohérence. La musulmane voilée n'est pas moins dangereuse que la féministe lesbienne : il faut donc élaborer une doctrine qui permette de porter le fer contre ces deux menaces civilisationnelles. Là encore, le nietzschéisme tient la corde, mais il y a un ennui : Nietzsche conspue les réactionnaires au moins autant que les progressistes. En particulier, le philosophe n'aurait pas eu l'idée de confier à la morale chrétienne le soin de sauver le mâle blanc de l'abîme où l'a jeté l'éthique humanitaire et l'égalitarisme plébéien. Or, s'il importe au bon vivant réactionnaire de jouir sans entraves, c'est à la condition de réduire à néant les prétentions des autres en la matière. Pour cela, il a besoin de la religion. C'est pourquoi ses références à la philosophie de Nietzsche occultent les passages où cette dernière entre en lutte avec le christianisme, autant dire à peu près chaque page importante écrite par le penseur de l'éternel retour. Oubliant les diatribes violemment athées de *L'Antéchrist*, l'hédoniste *nietzschéen considère que le rappel aux racines chrétiennes de l'Occident a du bon, surtout à l'heure du mariage pour tous et de la PMA pour les lesbiennes. Par chance, la cohérence n'est une vertu cardinale ni sur YouTube ni sur Twitter. Donald Trump n'a-t-il pas démontré qu'il est possible de jeter par-dessus bord son surmoi et de mettre sa libido sur la table tout en sollicitant (avec succès) les suffrages des évangélistes les plus intransigeants en matière de mœurs ?*

Certains, à gauche, ont eu le courage de dénoncer les soixante-huitards qui ont échangé leur « col Mao » contre le « Rotary ». Un effort similaire d'autocritique amènera peut-être un jour un jeune hédoniste de droite à ironiser sur ceux qui, venus de son camp, ont troqué l'enseignement de Zarathoustra contre les homélies de Saint-Nicolas-du-Chardonnet.

Surtout lorsqu'il est jeune, le réactionnaire bon vivant ignore qu'il a eu des prédécesseurs. Convaincu d'avoir affaire, avec l'arrivée des femmes sur la scène du plaisir, à une mutation anthropologique sans précédent, il pense être le premier à se confronter avec courage à une gauche culturelle devenue l'ennemie des corps virils. Pourtant, à une époque où la gauche semblait véritablement hégémonique dans le domaine de la culture, il se trouvait déjà des publicistes de droite pour dire que l'amour de l'égalité contredit l'art de vivre à la française. Aux lendemains de la Seconde Guerre mondiale, les écrivains « hussards » (Roger Nimier, Antoine Blondin, Jacques Laurent) assimilaient Sartre et Camus à des grenouilles de bénitiers marxistes dont le jargon incompréhensible dégoûtait le peuple des plaisirs simples. Sartre et Camus passaient beaucoup de temps à boire, à danser et à séduire dans les caves de Saint-Germain-des-Prés. Ils n'en étaient pas moins considérés par les anticonformistes de l'époque comme des prêtres laïcs incapables de tenir l'alcool. En ce temps, les féministes étaient universalistes, pas encore différencialistes. Mais elles inspiraient déjà les plus grandes craintes à ces jeunes hommes pressés dont la mode de l'existentialisme retardait la réussite littéraire et les jouissances attenantes[1].

Une décennie plus tôt, l'extrême-droite française, bien que censément catholique, découvrait Nietzsche avec enthousiasme. Thierry Maulnier voyait dans l'apologie nietzschéenne des instincts un excellent antidote contre l'« affaiblissement du type humain », une « défense de la virilité créatrice » et un exemple pour encourager le « bonheur des civilisations réussies dans leurs créations ou dans leurs plaisirs »[2]*. Maulnier prenait soin de distinguer deux formes d'irrationalisme : le « sentimental » à la Rousseau qui, selon lui, a le grand inconvénient d'opposer à l'intellectualisme un partage égalitaire des plaisirs et l'« aristocratique » à la Nietzsche qui a l'immense mérite de réserver l'allégresse à ceux qui s'en montrent dignes. On veut bien jouer les instincts contre la froide raison, mais à*

1. Simone de Beauvoir à propos de la réception du *Deuxième Sexe* par les hussards : « Dans *Liberté de l'Esprit*, Boisdeffre et Nimier rivalisèrent de dédain. J'étais une "pauvre fille" névrosée, une refoulée, une frustrée, une déshéritée, une virago, une mal baisée, une envieuse, une aigrie bourrée de complexes d'infériorité à l'égard des hommes, à l'égard des femmes, le ressentiment me rongeait » (*Tout compte fait*, Paris Gallimard, 1972, p. 85).

2. Thierry Maulnier, « Le recours à l'instinct », *L'Action française*, 21 septembre 1933. Voir aussi son *Nietzsche*, Paris, Rieder, 1933.

quoi servirait-il d'éprouver un plaisir si tous peuvent y prétendre ?

Le réactionnaire bon vivant jouit deux fois : une première fois du plaisir de tout le monde, une seconde de la conscience d'être le seul à pouvoir en profiter. Sa préférence va aux joies redoublées des carrés VIP et des salons « Privilèges » d'Air France. Il ne supporte pas de faire la queue.

La référence effrayée de Thierry Maulnier à Rousseau nous met sur la voie pour déterminer l'origine historique de notre personnage. Elle se situe au XVIIIe *siècle, celui de la Querelle du luxe et de la réflexion sur la valeur morale des plaisirs que l'on prend dans un monde injuste. Or cette Querelle est interne au camp des Lumières. Le réactionnaire bon vivant aurait-il, bien malgré lui, des ancêtres progressistes ?*

Cette question se pose pour celui d'aujourd'hui qui, repoussant tout ce qui touche de près ou de loin à l'idéologie de 1968, réclame néanmoins pour lui-même le droit de jouir sans entraves. Elle se posait aussi pour les muscadins de la fin du XVIIIe *siècle qui opposaient à la vertu lugubre des jacobins le luxe élégant de la jeunesse dorée. Les muscadins étaient des jeunes bourgeois qui accompagnèrent les premières années de la Révolution française au nom des libertés qu'elle promettait en matière de mœurs. Soucieux que les plaisirs ne deviennent pas trop plébéiens en se démocratisant, ils se rangèrent derrière Mirabeau puis derrière la Gironde*[1]*. Bien qu'il fût hédoniste, Danton*

1. Michel Onfray, « Dégageons les Robespierrots *(sic)* et lançons la révolution girondine », *Le Figaro Vox*, 12 novembre 2017.

leur semblait déjà plus suspect en raison de ses accents populaciers. Ils n'hésitèrent pas sur Robespierre en qui ils virent un moine d'autant plus cruel qu'il ignorait les plaisirs de la bonne chère et semblait insensible aux délices promises par le sexe faible. Préférant leur liberté à l'égalité, les muscadins ne comprenaient pas pourquoi la Révolution voulait abolir les carrosses et la domesticité. La loi du maximum (qui plafonnait le prix des marchandises) suscitait tout particulièrement leur colère, car elle avait fait disparaître les produits fins des étalages.

Tant qu'ils étaient minoritaires, et bientôt pourchassés, les muscadins exprimaient quelque chose de légitime. Ils opposaient à la Terreur le raffinement des fêtes et des costumes, un luxe proscrit par le culte jacobin de la vertu. Mais, après Thermidor, ils sont devenus ce que deviennent en général ceux qui ne voient dans leurs plaisirs qu'une confirmation à leur existence sociale : des êtres qui ne tolèrent aucune autre forme de vie que la leur. Une fois Robespierre mis hors-jeu, et entre deux soirées costumées, les Incroyables bastonnaient des sans-culottes à l'aide d'un gourdin rebaptisé par eux « pouvoir exécutif ». Et cela, sous les éclats de rire des Merveilleuses, leurs compagnes ravies d'assister à ces rixes viriles. On s'amuse bien dans un monde libéré de l'hégémonie culturelle d'une gauche vertueuse et tyrannique.

En s'en prenant à l'idée que le plaisir peut faire l'objet d'un partage sans se perdre, les muscadins ont fini par devenir réactionnaires. Mais, avant d'accéder au pouvoir, ils étaient voltairiens. Voltaire considère que le luxe est une promesse des Lumières dressée contre le culte religieux de la sobriété. Lors de la Querelle du luxe, tous les éléments qui devaient opposer les muscadins aux jacobins étaient réunis. D'un côté, Voltaire pour qui l'amour du superflu partage avec le progrès le fait de libérer l'humanité du nécessaire[1]. *De l'autre, Rousseau qui affirme que l'homme devient méchant, dès qu'il s'éloigne de ce qui lui est vraiment indispensable*[2].

Le conflit entre les deux auteurs est violent, mais il oppose les Encyclopédistes à la première tentative d'autocritique des Lumières. À l'origine, les approches politiques du plaisir sont le propre des philosophes de « gauche », les réactionnaires ne jouent aucun rôle dans cette dispute. Rien ne le montre mieux que la dimension sociale de la Querelle du luxe. Anticipant sur le social-libéralisme et les théories du ruissellement, Voltaire affirme que le luxe des riches enrichit les pauvres en leur donnant un travail de plus en plus spécialisé, donc mieux rémunéré. Davantage « gauche radicale », Rousseau critique les bouleversements

1. « Si l'on entend par luxe tout ce qui est au-delà du nécessaire, le luxe est une suite naturelle des progrès de l'espèce humaine ; et, pour raisonner conséquemment, tout ennemi du luxe doit croire avec Rousseau que l'état de bonheur et de vertu pour l'homme est celui, non de sauvage, mais d'orang-outang » : Voltaire, *Dictionnaire philosophique*, « Luxe », Paris, Gallimard, « Folio », 1994.

2. « On croit m'embarrasser beaucoup en me demandant à quel point il faut borner le luxe. Mon sentiment est qu'il n'en faut point du tout. Tout est source de mal au-delà du nécessaire physique. La nature ne nous donne que trop de besoins ; et c'est au moins une très haute imprudence de les multiplier sans nécessité, et de mettre ainsi son âme dans une plus grande dépendance » : Jean-Jacques Rousseau, *Discours sur les sciences et les arts*, Paris, GF-Flammarion, 1971, p. 121).

sociaux liés à cette économie du superflu : « Le luxe nourrit cent pauvres dans nos villes, et en fait périr cent mille dans nos campagnes[1]*. » Ces deux gauches irréconciliables ont tout de même en commun d'aborder le plaisir dans l'horizon de l'égalité : le luxe voltairien est censé se diffuser peu à peu à la société entière, tandis que la sobriété rousseauiste prémunit de l'amour-propre et du désir de se distinguer.*

Ce rappel montre que le bon vivant réactionnaire se rattache sans le savoir à une tradition issue de la branche libérale et voltairienne des Lumières. Mais il le fait en abandonnant la croyance que cette école de pensée plaçait encore dans le progrès des mœurs par la généralisation des plaisirs. De Voltaire, il ne retient que la méfiance à l'égard d'un peuple ignorant et incapable de bien se tenir à table. Optimiste pour lui-même, il est pessimiste pour les autres : le luxe doit demeurer l'apanage de gens bien nés, il faut se méfier de ceux qui, sans avoir fait la preuve de leurs mérites, en réclament une part. Il en serait fort étonné, mais l'hédoniste réactionnaire partage ses origines intellectuelles avec la gauche caviar.

Un réactionnaire conséquent ne se donne pas la facilité de condamner les fêtes des autres pour mieux préserver les siennes. Il arrive que cette position soit tenue avec talent. Par exemple lorsque Philippe Muray condamne d'un même geste les amateurs voltairiens du luxe et les partisans rousseauistes des rassemblements égalitaires. Ici et là, on retrouverait la même figure : « Homo festivus », *c'est-à-dire un individu*

1. *Ibid.*, p. 106.

sans gravité apparu sur les décombres de l'histoire et de la politique. Muray juge avec la même sévérité les soirées mondaines, le « crétinisme techno » et les joies populaires ressenties les soirs de Coupe du monde de football[1]*. Comme l'homme contemporain ne fait plus rien de sérieux, il fait la fête ou l'amour, masquant son propre néant dans des joies aussi vides qu'éphémères.*

Contrairement au réactionnaire hédoniste, le réactionnaire cohérent a le sens du tragique. Selon lui, la recherche du plaisir pour le plaisir est absolument étrangère à la profondeur : elle trahit l'oubli le plus profond de ce qu'il y a de négatif dans l'existence.

Notre dernier chapitre contestera cette vision du plaisir comme refoulement du négatif. Mais cette approche a au moins pour elle le mérite de la cohérence. Dans le masculiniste jouisseur, Muray aurait sans doute vu le « dernier homme » plutôt que le surhomme : un individu qui cherche désespérément à maintenir ses agréments tout en refusant aux autres le droit de revendiquer les leurs. Le réactionnaire tragique comprend que, dès lors qu'un individu réclame pour lui-même le droit de jouir sans entraves, il ne lui est plus possible de le refuser aux autres. Pour lui, mieux aurait valu ne pas ouvrir la boîte de Pandore, par exemple en s'évitant 1968. Mais dès l'instant où cet événement a eu lieu, il devient absurde et comique de se dire hédoniste tout en vitupérant contre le

1. La fête contemporaine n'est « plus un renversement provisoire de l'ordre établi ; elle est l'établissement définitif d'un ordre renversé » (Philippe Muray, *Après l'Histoire*, Paris, Gallimard, « Tel », 2019, p. 174).

triomphe de l'« idéologie arc-en-ciel » qui promeut l'homosexualité et le droit à la jouissance des femmes.

Cette position a l'avantage de clarifier les termes du débat : que peut-on encore attendre, politiquement, de l'ouverture de la boîte de Pandore des plaisirs ? La sortie de l'Histoire ou l'écriture d'une histoire nouvelle ?

CHAPITRE III

Le sexe, entre représentation et événement[1]

« La révolution a été faite par des voluptueux. »

Charles Baudelaire, Projet de Préface aux *Liaisons dangereuses* de Pierre Choderlos de Laclos

Dans une scène du *Pornographe*, Jacques Laurent (Jean-Pierre Léaud) constate avec dépit qu'il s'est passé quelque chose dans le champ de la sexualité[2]. Réalisateur de films X dans les années 1970, il est contraint pour des raisons financières de reprendre du service trente ans plus tard. Le siècle de la révolution sexuelle s'achève et, pour le metteur en scène, rien ne marche plus comme avant. Sur le tournage, il demande à une actrice de ne manifester aucune émotion au moment de l'orgasme et d'avaler le sperme de son partenaire sans le montrer à la caméra. Cette attention au mystère est un attentat contre le dogme

1. Ce chapitre est une version remaniée et augmentée d'un article paru dans la revue *Esprit*, « Le sexe après sa révolution », juillet-août 2017.

2. Bertrand Bonello, *Le Pornographe*, 2001.

de la pornographie contemporaine qui consiste à tout donner à entendre et à voir. Le producteur refuse une telle intrusion de l'esthétique bressonnienne dans un film réalisé pour Marc Dorcel. S'emparant de la caméra, il tourne les séquences sous la forme désormais attendue par cette industrie : d'abord la pénétration rythmée par des cris de plaisirs sur-joués, puis une fellation qui s'achève ostensiblement sur le visage de l'actrice. Jacques Laurent assiste au tournage dont il se trouve dépossédé avec l'air vaincu de celui qui constate l'échec de ses utopies de jeunesse.

Le dépit de ce cinéaste revenu sur le tard à la pornographie trahit une déception assez répandue par rapport aux espérances portées par la libération sexuelle. L'interprétation dominante de ce désœuvrement affirme que le sexe a perdu son caractère politiquement subversif à partir du moment où il est devenu la petite affaire de chacun. Depuis la sortie du *Pornographe* en 2001, le sexe occidental a encore franchi une étape dans le désenchantement individualiste puisqu'il est visible par chacun grâce à l'internet. Les films X à la manière de Marc Dorcel ont pratiquement disparu au profit de scènes à peine scénarisées où le plaisir n'est plus l'enjeu d'aucun récit. Accessibles à peu de frais depuis chez soi, quantité de perversions tombent désormais sous nos regards sans rien changer à nos vies.

Les « pornographes » désabusés ne manquent pas et ils rendent l'émancipation des mœurs responsable du triomphe d'une sexualité apolitique, consumériste et triste. Les personnages des romans de Michel Houellebecq leur fournissent une référence de choix, eux qui trainent leur libido désespérée au milieu d'un monde où le désir n'est, à côté d'un travail laborieux, qu'une manière de plus de faire corps avec le système. Passée tout entière sous le régime de la concurrence, la sensualité aurait fait la preuve qu'il n'y a rien en elle de dangereux pour l'ordre établi. Comme nos autres activités, le plaisir sexuel serait désormais soumis à des règles de performance qui invalident les discours qui plaçaient en lui une promesse égalitaire. Suivant cette lecture, l'échec du *come-back* de Jacques Laurent dans le champ de la pornographie serait le signe que la sexualité était plus intéressante avant la grande levée des tabous.

Certains ne voient dans la révolution sexuelle des années 1960 que les prémisses d'une nouvelle Terreur ourdie par les féministes et les homosexuels. Nous voilà confrontés à ceux qui en font la cause d'une immense misère. Les jugements sur la misère sexuelle contemporaine trouvent leur limite dans la difficulté qu'il y a à définir ce que « abondance » signifie dans ce domaine. En lisant les critiques des effets psychologiquement désastreux de la licence en matière de mœurs, on a parfois l'impression que l'épanouissement sexuel n'est possible que là où la question de savoir quoi faire de son corps (et avec qui) est réglée par la société. Comme ce sont des hommes qui, la plupart du temps, tiennent ce genre de discours, on en vient à penser que les femmes vivaient dans une moins grande « misère sexuelle » lorsqu'elles devaient, honteuses et abandonnées de tous, quitter leur village à la suite d'une grossesse extraconjugale.

Plutôt que de postuler un âge d'or de la sexualité, mieux vaut se demander ce qui pousse encore autant d'individus à s'adonner au sexe, alors même qu'ils savent qu'ils le feront désormais à leurs risques et périls, devenus les seuls responsables de leurs échecs. Pour le dire autrement : pourquoi Jacques Laurent s'obstine-t-il, après tant de désillusions, à vouloir donner une portée esthétique et politique à l'érotisme ? Notre hypothèse est que la sexualité moderne est tout entière motivée par la recherche d'un *événement*, que cet événement s'appelle plaisir et que c'est par là qu'elle demeure, malgré tout, politique.

Aussi longtemps que la sexualité humaine était soumise à l'ordre naturel de la procréation, il ne pouvait rien s'y produire de véritablement nouveau. Envisagée du point de vue de l'espèce, le sexe était bien sûr déjà associé au plaisir par ceux qui le pratiquaient, mais il ne devenait un enjeu social qu'en regard de l'impératif (religieux puis démographique) de reproduction. De ce point de vue, le fait que le sexe se soit « individualisé » n'implique nullement sa dépolitisation : en devenant la promesse d'un événement, le désir part en quête d'une brisure dans l'ordonnancement du monde. Même ceux qui, depuis leurs solitudes, s'inscrivent sur les sites de rencontres espèrent que quelque chose se passera. Ils le désirent plus intensément encore lorsque leur vie professionnelle est marquée par une monotonie apparemment sans issue. On ne cède pas au romantisme hérité de 1968 en affirmant que l'érotisme « demande l'impossible » (une nouveauté dans une existence rythmée par la répétition) et que cette demande apparaît « réaliste » à chaque fois que le plaisir devient un événement. Pour autant que l'érotisme démontre que l'inespéré peut entrer dans un monde routinier, il n'a rien perdu de son caractère politiquement subversif.

La seule chose qu'il faille accorder à ceux qui sont revenus de la libération sexuelle plein d'amertume est que cette recherche d'événement entre aujourd'hui en concurrence avec la *représentation* que les individus se font de ce qu'est une sexualité « réussie ». Selon la morale utilitariste, le plaisir n'est rien de plus que la satisfaction d'un désir qui le *précède*, donc la confirmation de l'idée (représentation) qu'un sujet se fait de lui-même et de ses envies. Le calcul des jouissances en termes de coûts et de bénéfices présuppose que l'individu sait déjà, avant toute expérience, ce qui lui est bénéfique et quelle quantité d'efforts il est prêt à dépenser pour l'obtenir. Par principe, ce genre de calcul est élaboré dans la solitude : si elle a lieu, la rencontre adviendra parce que je l'ai préalablement jugée compatible avec l'idée que je me fais de mon propre désir. Celui qui, après s'être longuement défini lui-même en remplissant des questionnaires en ligne, abandonne à des algorithmes le soin de déterminer des rencontres érotiques « utiles » cherche à se prémunir de tout événement. Bien qu'il puisse être réel, son plaisir est politiquement insignifiant. Aussi insignifiant que la sexualité devenue représentation contre laquelle proteste le réalisateur joué par Jean-Pierre Léaud. Ce dernier voudrait des scènes où la fin (l'orgasme) n'est pas déjà contenue dans le commencement, alors que l'on exige de lui qu'il filme des ébats sans surprise.

Cette tension entre le sexe comme événement et le sexe comme représentation est devenue structurelle aujourd'hui. Plutôt que de conclure qu'il ne fallait pas trop « libérer » la sexualité pour éviter qu'elle ne se déchaîne en pratiques insignifiantes, il faut explorer un paradoxe : la volonté de soumettre la sexualité à la représentation bute sur le désir qu'elle demeure une expérience incontrôlable.

LES AMBIGUÏTÉS DE LA REPRÉSENTATION

Que faut-il pour qu'une sexualité quelconque devienne celle de *quelqu'un* ? À cette question, il y a deux réponses possibles. Toutes deux font appel au concept de représentation.

La première insiste sur les luttes politiques qui ont permis aux individus d'envisager leurs désirs d'une manière plus libre. Certes, ces combats en faveur de la liberté en matière de pratiques sexuelles ont été menés collectivement et en recourant à des mots d'ordre qui privilégient l'identité collective sur les subjectivités individuelles. C'est le corps des femmes, des jeunes, des vieux, des homosexuels ou des transgenres *en général* qui a servi de catalyseur pour faire paraître le déni de justice subi par chacun des individus appartenant à ces groupes[1].

1. Il est toutefois notable que c'est la publicité autour de cas individuels qui, le plus souvent, a permis la prise de conscience sociale de la condition de groupes soumis à des interdits. C'était

Les modalités de la stratégie ne doivent pourtant pas masquer l'objectif qui est que la sexualité de chacun corresponde à celle que l'individu a choisi, et non à celle que sa naissance, son genre ou toute autre figure du déterminisme social semblent lui prescrire. Que l'individu choisisse de la revendiquer publiquement ou de l'intégrer sans ostentation à sa pratique n'est pas déterminant ici. Ce qui l'est, en revanche, c'est que les pratiques sexuelles soient fonction de l'idée qu'un sujet se fait de ses propres désirs. La représentation désigne dans ce cas le pouvoir de briser les chaînes du donné. L'individu ne se conforme ni à ce que la nature ni à ce que la culture dominante exigent de lui en matière de comportements sexuels. Il soumet ce qui lui est présenté extérieurement comme une norme au critère de son jugement.

Dans le domaine de la sexualité, un tel primat de la représentation se repère dans l'importance reconnue aujourd'hui au critère du consentement. La règle « *yes means yes* » adoptée depuis quelques années comme le préalable d'un acte sexuel légal n'implique pas seulement que l'individu (il s'agit d'abord des femmes dont le consentement a longtemps été considéré comme superflu) donne un accord explicite à la relation qu'on lui propose. Une telle règle suppose aussi que chacun possède un savoir sur son désir indépendant

typiquement le cas lors des procès de femmes condamnées pour avoir eu recours à des avortements illégaux. L'émotion suscitée par de telles condamnations a joué un rôle important dans l'acceptation du droit à l'avortement par l'opinion publique (voir Luc Boltanski, *La Condition fœtale. Une sociologie de l'engendrement et de l'avortement*, Paris, Gallimard, 2004).

de son sexe biologique ou du contexte social. Par exemple, la subordination objective de l'employé(e) à son employeur s'efface devant le jugement que le premier (la première) porte sur les prétentions charnelles du second. La représentation claire de ses préférences permet de mettre un terme à ce que certains subissaient, jusque-là, à leurs « corps défendant ».

L'idée de consentement engage des problématiques juridiques et morales qui, pour la plupart d'entre elles, renvoient à la tradition libérale. La propriété que l'individu a de son propre corps et la liberté de l'engager (ou non) dans des contrats sont placées au fondement de toute interaction sexuelle légitime[1]. Le point important pour nous est que, dans l'hypothèse libérale, la sexualité devient celle de quelqu'un à partir du moment où l'on admet qu'elle ne se situe nulle part ailleurs que dans l'idée que l'individu se fait de son désir. La propriété qu'un sujet a de son corps est fonction de celle qu'il a de ses représentations. La liberté dans l'usage des plaisirs est directement corrélée à la conscience, en droit toujours claire et distincte, de ce qu'un sujet désire.

Il existe une approche moins optimiste de ce processus d'individualisation des pratiques sexuelles par

1. Manon Garcia a tenté récemment d'enrichir cette notion de contrat de celle de « conversation » dans le but de montrer qu'une érotisation des échanges qui précèdent la relation sexuelle comme telle est possible. Sur l'exemple des pratiques sadomasochistes, elle montre que la représentation (savoir avec exactitude ce que chaque partenaire a le « droit » de faire) n'est nullement incompatible avec le plaisir, elle peut même le provoquer pour peu qu'elle soit librement contractualisée au préalable (*La Conversation des sexes. Philosophie du consentement*, Paris, Climats, 2021).

la représentation. Pour la saisir, il faut détourner son attention des victoires remportées contre le harcèlement et les discriminations, et porter son regard vers l'immense travail de rationalisation de la sexualité mené depuis que Krafft-Ebing a entamé un recensement systématique des perversions[1]. De ce point de vue, qui est celui de Foucault, la sexualité n'est pas un donné brut sur lequel s'exerce la représentation d'un sujet toujours libre de concevoir et d'énoncer ce qu'il désire. Elle est une invention moderne indissociable des pratiques discursives, des sciences et des institutions juridiques qui la prennent pour objet. Le désir sexuel est effectivement devenu celui de quelqu'un, le secret de sa personnalité, mais parce que le « dispositif de sexualité » assigne à chacun une identité en fonction de ses pratiques dûment répertoriées par les sciences médicales.

Foucault fait de l'aveu l'instrument par lequel le pouvoir, loin de réprimer le sexe, enjoint à l'individu de s'identifier à lui. L'aveu est « un rituel de discours où le sujet qui parle coïncide avec le sujet de l'énoncé[2] ». De la confession chrétienne jusqu'au divan des psychanalystes, il s'agit de solliciter la parole du sujet à propos de ses désirs, de ses perversions ou de ses fautes. Présenté comme un moyen de recouvrer l'innocence ou de se libérer de ses obsessions, l'aveu est surtout pour Foucault une manière de classer les sujets selon leurs représentations libidinales. De ce

1. Richard Freiherr von Krafft-Ebing, *Psychopathia Sexualis*, Paris, Agora-Pocket, 1999.
2. Michel Foucault, *La Volonté de savoir*, *op. cit.*, p. 82.

point de vue, la manière dont un individu se définit importe moins que celle dont il est défini par un système qui établit des différences entre le mal et le bien (pénitence chrétienne) ou le normal et le pathologique (psychanalyse ou sexologie modernes).

Lorsque Arnold L. Davidson, un disciple de Foucault, écrit que « la sexualité elle-même est un produit du raisonnement de style psychiatrique », il exprime sur un mode provoquant la radicalité de cette thèse[1]. La sexualité n'existait pas avant que l'on fasse des pratiques et des fantasmes de chacun l'objet d'une enquête classificatrice. Seuls existaient des actes plus ou moins naturels ou conformes à la volonté de Dieu, pas des sujets définis en fonction de leurs orientations (l'« hystérique », le « pervers », l'« homosexuel », etc.). Dans l'hypothèse foucaldienne, la sexualité demeure liée à la représentation, mais dans un sens très différent de celui qui a été indiqué à l'instant. Ce n'est pas l'individu qui construit cette représentation en fonction du vécu intime de ses désirs, elle est plutôt forgée par la somme considérable de discours normatifs portant sur le sexe des Modernes. La représentation n'est plus, comme elle l'était dans l'hypothèse libérale, un acte de l'esprit qui sépare et libère le sujet des comportements que l'on attend de lui. Elle désigne un savoir normatif qui conclut de certains désirs à l'identité de celui qui en fait l'aveu.

À première vue, ces deux approches de la sexualité comme représentation s'opposent diamétralement.

1. Arnold D. Davidson, *L'Émergence de la sexualité*, Paris, Albin Michel, 2005, p. 88.

La première fait de la représentation un instrument pour ne plus appartenir. Du seul fait que je sais où se trouve mon désir et que j'ai acquis le droit de l'énoncer, je me projette hors des assignations comportementales venues du dehors (nature, traditions). La seconde met en doute le caractère émancipateur de ce savoir sur le sexe. D'après Foucault, les identités sexuelles construites par la science sont intériorisées, en sorte que le sujet moderne appartient à des représentations dont les effets normatifs sont au moins aussi puissants que ceux que charriaient les anciennes condamnations religieuses de la concupiscence. Si le corps des Modernes se libère de l'ordre providentiel de la nature, c'est pour s'inscrire dans celui, biopolitique, de la vie.

La première hypothèse sur l'individualisation du sexe peut s'énoncer ainsi : « Représente-toi tes pulsions, énonce-les, et tu échapperas aux injonctions venues du dehors. » La seconde se formule de la manière suivante : « Avoue ce que tu désires et les représentations produites par les savoirs modernes du sexe diront qui tu es. » Au sein de cette opposition, la thèse soutenue par Foucault anticipe sur le jugement désabusé porté sur la révolution sexuelle. Plutôt que de se scandaliser des moyens utilisés autrefois par la religion pour nous faire détester le corps, il faudrait s'inquiéter des techniques modernes destinées à nous le faire aimer au point de nos identifier à lui. La dernière phrase de *La Volonté de savoir* ne laisse aucun doute sur ce que, aux yeux de Foucault, il est légitime d'attendre de la sexualisation de nos vies : « Ironie de ce dispositif [de sexualité] : il nous fait croire qu'il y va de notre “libération”[1]. »

Cette divergence dans l'explication d'un même phénomène (le sexe est devenu une part essentielle de l'autodéfinition des sujets) se retrouve dans toute une série de débats contemporains. Les féministes pro sexe admettent, par exemple, que la représentation dans le sens libéral doit être valorisée : le plaisir des femmes participe de la manière dont le genre féminin se définit contre l'hégémonie masculine[2]. Le féminisme anti-sexe ou anti-porno tend, à l'inverse, à faire de la critique du genre un instrument pour déconstruire une sexualité dominée par les représentations masculines du plaisir[3]. De même, ceux qui pensent que la sexualité est encore un enjeu d'émancipation misent sur le fait que le criblage des désirs par la représentation garantit la liberté des individus. Au contraire, l'hypothèse de Foucault renforce la croyance selon laquelle on ne devient pas maître de ses désirs sous prétexte que l'on est maître de leurs représentations.

Sur la base d'un constat identique (la sexualité moderne se ramène à ce que nous pensons ou disons d'elle), les positions se séparent. Mais les deux hypothèses qui viennent d'être rappelées reposent sur une

1. Michel Foucault, *La Volonté de savoir*, *op. cit.*, p. 211.

2. Cette position renvoie à ce qu'Éric Fassin appelle le « féminisme de la libération » (« Genre et sexualité », dans Marie-Christine Grandjon [dir.], *Penser avec Michel Foucault*, Paris, Karthala, 2005, p. 225-250).

3. Voir Catharine MacKinnon, Andrea Dworkin (dir.), *In Harm's Way. The Pornography Civil Rights Hearings*, Cambridge, Harvard University Press, 1997.

même identification du sexe à la représentation et laissent de côté le phénomène du plaisir sexuel. En ce sens, elles ne permettent de saisir qu'une partie du problème. Pour le comprendre, il faut quitter le terrain un peu aride des explications sociales pour aborder celui des expériences.

UN MIRACLE DANS UNE VIE DE CHIEN

Exactement une décennie après la sortie du *Pornographe*, le film *Shame* est venu confirmer le triomphe de la sexualité comme représentation, mais cette fois-ci du point de vue du consommateur[1]. Brandon (Michael Fassbender) semble avoir tout réussi : une trentaine étincelante entretenue par l'hygiène et le sport, un appartement impeccable au cœur de New York, un travail qui l'inscrit socialement dans les rails de la globalisation heureuse. Le soir venu, il remet pourtant ses plaisirs à des écrans qui lui offrent une quantité indéfinie de scènes pornographiques et lui permettent de solliciter les services de prostituées sans avoir à sortir de chez lui. Rien ne manque à ce personnage, sinon le manque lui-même qui le porterait à désirer autre chose que des étreintes formatées. Au moment où une perturbation réelle surgit dans son existence (la rencontre amoureuse avec une de ses

1. Steve McQueen, *Shame*, 2011.

collègues), il lui faut choisir entre une sexualité efficace, mais solitaire, et la confrontation avec l'altérité imprévisible d'un corps. Sans surprise (tout, dans sa vie, est organisé pour éviter la surprise), il refuse d'entrer dans une relation qui fragiliserait son économie libidinale du contrôle.

Nul ne peut nier que la sexualité d'un tel personnage soit véritablement la « sienne ». Cela vaut pour les deux explications de l'individualisation des pratiques sexuelles évoquées plus haut. En suivant la première, on dira que Brandon porte à son terme l'arraisonnement de son corps à la représentation. Il sélectionne une prostituée sur internet avec le même esprit de sérieux que celui qui le mène quotidiennement à son bureau ou dans une salle de fitness. Rien dans son désir n'excède l'idée qu'il s'en fait. De la même manière, il sculpte son corps à partir de sa représentation de ce qu'est un physique performant. L'hygiénisme explique pareillement qu'il mange bio et qu'il se masturbe devant des scènes pornographiques : le but est de ne laisser entrer dans son corps aucune sensation qui vienne menacer un équilibre si stable.

La sexualité de Brandon est donc libérale au sens où il calcule chacune de ses dépenses libidinales en fonction des bénéfices escomptés. Mais on peut tout aussi bien dire de lui qu'il est le prototype d'un corps assujetti à la représentation. Au moment de la sortie du film, la presse a fait de ce personnage le symptôme d'une pathologie paraît-il très répandue de nos jours : l'addiction au sexe. On imagine le sourire de Foucault devant l'apparition d'un nouveau venu au catalogue des perversions : le *sex addict* malade à la seule idée d'une journée sans orgasme. Foucault rappellerait que pour « guérir » un sujet de sa sexualité, il faut l'avoir préalablement assignée à elle. Il ne manque à Brandon que de consulter un sexologue pour faire l'aveu que son projet de maîtrise libidinale relève de la pathologie.

Est-il nécessaire de choisir entre l'hypothèse libérale et l'hypothèse disciplinaire ? En réalité, le personnage de *Shame* est autant le maître de ses désirs que leur esclave. Les représentations auxquelles il assujettit ses pratiques peuvent venir de lui ou, au contraire, lui être dictées par une société qui associe le sexe à l'autocontrôle. Elles le rendent de toute façon incapable d'une véritable expérience charnelle.

La beauté de ce film tient à la manière dont il met en scène la contradiction dans laquelle s'enferre ce personnage. Brandon est très exactement un ascète, c'est-à-dire un être qui soumet chacune de ses pulsions à un impératif de contrôle : il ne veut compromettre sa chair avec aucun élément extérieur qui puisse venir la « souiller ». Il pourrait parfaitement être végan, mais il n'est pas un ascète de gauche puisqu'il adhère sans aucun état d'âme au capitalisme technologique qui le paye bien et lui permet de trouver une prostituée en quelques clics[1]. L'ascétisme de Brandon est plutôt du genre néolibéral : calculer ses plaisirs de manière à

1. La vacuité de la conscience politique de ce personnage éclate dans la scène où il fait part à la collègue dont il tombe presque amoureux de son regret de ne pas vivre dans les États-Unis des années 1960. Cette femme est noire, mais Brandon ne comprend pas qu'elle ne partage pas la même nostalgie que lui pour l'époque de la ségrégation raciale.

ce qu'ils ne remettent pas en cause l'équilibre, même mortifère, qui lui permet d'être performant dans sa vie professionnelle.

Tout l'intérêt du film est pourtant de montrer que cette ascèse ne résiste pas à ce que la sexualité moderne continue à promettre en matière d'imprévus. La tension entre représentation et événement atteint son paroxysme dramatique à la fin du film. Brandon vient de renoncer à une relation érotique qui, pour une fois, l'aurait fait sortir de lui-même. Mais son corps se venge en le poussant à provoquer ce que le sexe, malgré tous les efforts pour le rationaliser, fait encore espérer : qu'il se passe enfin quelque chose de nouveau. Brandon cherchera l'événement dans une *backroom* qui l'unit dans le noir à d'autres hommes, puis au cours d'une bagarre qui ensanglante son corps d'habitude si lisse. Dans les deux cas, il tente désespérément d'abattre la muraille que ses représentations ont dressé entre lui et le monde sensible.

Cet exemple montre que la réduction intégrale du sexe à sa représentation finit par le rendre insignifiant. Une sexualité assujettie au critère du contrôle de soi devient tellement attendue qu'elle se nie elle-même comme sexualité. En associant l'érotisme à la « part maudite », c'est-à-dire à l'ensemble des pratiques humaines excédentaires par rapport à l'ordre économique du calcul, Georges Bataille n'a pas voulu dire autre chose. Semblable sur ce point au sacrifice (Brandon offrant son corps aux coups dans une bataille de rue), l'érotisme relève de la dépense improductive. De même que la fête, l'érotisme résiste aux tentatives pour en faire une simple parenthèse dans une vie dominée par le calcul en matière de coûts et de bénéfices. Cette émotion excédentaire est le plaisir en tant qu'il déjoue parfois les représentations que nous avons de nous-mêmes et de ce qui est « utile » pour notre corps[1].

Que Brandon échoue dans cette quête ne dit qu'une chose : un univers saturé par les échanges bénéficiaires et le contrôle hygiénique de soi est hostile au plaisir comme événement. De ce point de vue, la différence entre une sexualité conjugale régulière et le « plan d'un soir » n'est pas décisive : dès lors qu'elle a brisé son lien avec la procréation, la sexualité part en quête d'une expérience inédite. Peu importe que celui-ci ait lieu dans la chambre à coucher d'un vieux couple ou dans une ruelle obscure où s'unissent deux inconnus. Dans tous les cas, l'expérience sexuelle brise la routine. On la désire parfois comme l'advenue d'un miracle dans une vie de chien.

Un événement déjoue mes attentes en passant par-delà mes représentations. C'est la raison pour laquelle il est en toute occurrence préférable d'être (au moins) deux pour pratiquer un acte sexuel. Un autre corps parvient parfois à contredire l'idée que je me fais du plaisir, ce qui est encore le meilleur moyen pour que ce dernier advienne. La difficulté vient de ce que l'utilitarisme néolibéral incite chacun à arriver au rendez-vous des corps avec ses propres représentations. Cet autre corps qui se présente comme la promesse d'un ailleurs, le sujet de la représentation se demande s'il

1. Voir Georges Bataille, *L'Érotisme*, Paris, Minuit, 1957 (sur le rapport entre érotisme et sacrifice, voir p. 94-101).

correspond à ses attentes et s'il sera capable de le faire jouir. Mais le temps de cette réflexion retarde l'événement. Souvent même il l'annule, comme dans le cas si fréquent où un individu éteint son ordinateur parce qu'il désespère de trouver sur un site de rencontre l'image d'un corps correspondant en tous points à l'idée qu'il se fait d'une jouissance « réussie ».

Par définition, le sexe représenté se montre. On condamne parfois une telle exhibition au nom d'une éthique sexuelle de la pudeur. Mais, une fois le premier mouvement de panique morale passé, il est plus important de remarquer que l'acte sexuel se montre le plus souvent dans une forme qui le nie comme événement. Soit la multiplication des *sextapes* et des scènes pornographiques diffusées par des « amateurs » sur internet. Avant de se scandaliser, on peut déjà s'étonner de voir tant d'individus prendre le risque de manifester leurs ébats sexuels gratuitement ou en échange des faibles rétributions encore offertes par l'industrie du porno. L'explication la plus vraisemblable est qu'ils cherchent à ramener l'événement à sa représentation. Comme certains visiteurs de musée photographient les œuvres sans les regarder, ils font entrer leurs plaisirs charnels dans les cadres prédéfinis par la caméra et orientés par les attentes de leurs *followers*. Il ne s'agit pas d'exhibitionnisme, car celui-ci relève de la logique de l'événement davantage que de celle de la représentation. L'exhibitionniste jouit de voir dans le regard de l'autre l'effet que produit sa transgression, tandis que celui qui offre son corps aux réseaux sociaux peut à peine en percevoir les conséquences. Pour lui, il s'agit plutôt de s'assurer que l'événement sexuel dont il est le protagoniste a eu lieu puisque le fait de le vivre n'offre plus de garantie à ce sujet.

« *Esse est percipi* » (« Être, c'est être perçu »), disait l'évêque Berkeley au XVIIIe siècle. Pour combler le doute sur le fait qu'un plaisir a eu lieu, le sujet peut se référer à la perception que les autres en ont, par exemple au nombre de « j'aime » que suscite la scène qu'il a partagée. Sur des écrans et dans des têtes pleines de sexe représenté triomphe un idéalisme où l'on demande aux spectateurs de confirmer que quelque chose s'est effectivement passé.

Nombre des diagnostics sur l'insignifiance de la sexualité contemporaine s'éclairent à la lumière de ce conflit entre la représentation et l'événement. Ceux qui affirment que, dans ce domaine, la libération n'a créé que de la frustration incriminent en réalité le sexe tel qu'on le représente aujourd'hui : plus extrême dans sa crudité, sans doute, mais surtout plus maîtrisable dans sa finalité. Comme il n'est pas difficile de voir qu'il y a un gouffre entre l'idéal de performance et sa réalisation érotique, ils concluent à une « misère sexuelle » dont se seraient rendus coupables les hommes et surtout les femmes qui ont revendiqué la liberté de leurs désirs. Le tort de cette interprétation est de juger de la « misère sexuelle » contemporaine à partir de la sérialité des scènes pornographiques, des mises en scène publicitaires du désir ou des délices orgiaques promises par les catalogues de clubs de vacances.

Les contempteurs tristes de la révolution sexuelle ne parlent que du plaisir représenté. Il est beaucoup plus difficile de décider de ce qu'est, aujourd'hui, la sexualité vécue. Cette dernière ne se jauge ni à l'aune des statistiques portant sur l'intensité des orgasmes, ni à partir de l'imagerie sociale d'une libido performante. De même qu'il est imprévisible avant d'avoir lieu, l'événement ne se mesure qu'une fois qu'il est advenu. Dans le domaine de la sexualité, l'événement se nomme plaisir et toutes les tentatives utilitaristes pour le quantifier échoueront. On ne peut mesurer objectivement un plaisir qu'en le comparant au désir qui le précède et qu'il parvient, plus ou moins, à satisfaire. Comme tout ascète, le personnage de *Shame* est prisonnier de cette logique de la représentation qui soumet le moindre de ses faits et gestes à ce qu'il pense pouvoir s'autoriser sans remettre en cause l'équilibre routinier de sa vie. Max Weber a parfaitement défini le sens, et les limites, du plaisir sexuel dans l'ascèse capitaliste : l'érotisme n'y désigne plus que « la sensation spécifique d'être délivré du rationnel à l'intérieur même du monde[1] ». « À l'intérieur du monde », c'est-à-dire dans un univers qui demeure dominé par la raison calculatrice. Brandon n'envisage pas le plaisir érotique comme une expérience alternative à sa vie sociale, mais comme une extra-quotidienneté acceptable. Il le pratique pour desserrer un peu l'étau de la « cage d'acier » d'une existence obsédée par la réussite. Mais il le fait de telle sorte que la décharge pulsionnelle lui permet de repartir au travail le lendemain matin sans se poser trop de questions.

1. Max Weber, « Considération intermédiaire », *Sociologie des religions*, trad. J.-P. Grossein, Paris, Gallimard, « Tel », 1996, p. 442.

L'itinéraire chaotique de ce personnage montre qu'une telle rationalisation du plaisir sexuel est, sinon impossible, du moins nécessairement malheureuse. En effet, le désenchantement du sexe consécutif à sa « libération » n'a pas éliminé le désir d'événement propre à l'Éros : ce désir est repérable jusque dans le désespoir d'une libido formatée par l'impératif ascétique du contrôle. L'intuition selon laquelle le plaisir érotique conserve une charge subversive si l'on maintient son rapport à l'événement est au cœur de la philosophie de Marcuse, une pensée que l'on associe trop souvent aux illusions de la révolution sexuelle. C'est vers elle qu'il faut désormais se tourner pour tenter de comprendre ce qui, des décennies après 1968, demeure politiquement intéressant dans l'expression « Jouir sans entraves ».

LE LIBÉRALISME SEXUEL, UN LIBÉRALISME AUTORITAIRE

Ceux qui, aujourd'hui, ne voient plus rien de subversif dans l'érotisme prétendent souvent qu'il est devenu difficile, dans ce domaine, de désigner l'adversaire. Selon eux, il était encore possible, dans les années 1960, d'incriminer l'État, la famille, la religion ou le capitalisme « victorien » comme autant d'obstacles institutionnels à une sexualité libre. Mais ces obstacles au plaisir semblent avoir disparu, soit parce que ces institutions se sont affaiblies, soit parce qu'elles ont compris tout le bénéfice qu'elles pouvaient tirer d'une utilisation économique de l'énergie libidinale. Qu'y a-t-il de plus en phase avec la société de consommation que l'« impératif du fun » qui envahit les panneaux publicitaires[1] ? Même le désir de nouer des relations sexuelles extra-conjugales a été récemment exploité par un site de rencontre qui a lancé une campagne d'affichage destinée à indiquer le meilleur moyen de s'offrir des infidélités sans risque. Comme, dans le même temps, toute une série de législations ont officialisé des relations autrefois jugées coupables, perverses ou inféécondes (Pacs, mariage homosexuel, PMA), l'opinion s'est installée selon laquelle il n'y aurait plus rien à revendiquer dans ce domaine. « Jouir sans entraves » ? Peut-être, mais en nous libérant de quelles entraves ?

Par sa critique de l'« hypothèse répressive », Foucault a anticipé sur cette remise en cause de la croyance selon laquelle le pouvoir *en général* se caractérise par la condamnation du sexe. Comme on l'a vu, le biopouvoir moderne inviterait plutôt les sujets à faire l'aveu de leurs désirs, à en parler et même à les réaliser pour autant que l'expression de la libido, loin de produire des comportements subversifs, contribue à socialiser les individus. Il n'y a donc pas, en matière de sexualité, de « lieu du grand Refus » : par leurs désirs, les corps ne se placent pas hors des jeux de pouvoir, ils s'y inscrivent[2].

1. Sur le rapprochement lacanien entre la logique capitaliste de la plus-value et celle, hédoniste, du « plus-de-jouir », voir Luis de Miranda, *Peut-on jouir du capitalisme ?*, Paris, Max Milo, 2008.

2. Sur la critique du « grand Refus », voir Michel Foucault, *La Volonté de savoir*, *op. cit.*, p. 128.

Une question se pose néanmoins : qui, même en 1968, défendait l'« hypothèse répressive » définie en ce sens ? Pour le dire autrement, qui imaginait que la levée d'un grand nombre d'interdits sexuels suffirait à transformer le monde ? Certainement pas Marcuse qui, bien avant Foucault, a constaté l'essoufflement du romantisme du « grand Refus[1] ». Il est vrai que ce philosophe ne considère pas que le grand Refus est par principe impossible, c'est-à-dire que l'Éros ne sera plus jamais une puissance capable de modifier la société. Il fait plutôt le diagnostic que, dès les années 1950, sa charge subversive a été largement neutralisée. Ainsi, les figures de l'artiste, de la prostituée et de la femme adultère étaient valorisées dans la littérature du XIXe siècle parce que ces personnages menaient leur vie de manière irrégulière. Désormais, explique Marcuse, la « vamp », la « ménagère névrosée » et la « star » ont pris leur place dans la littérature populaire, car elles ne sont pas des images d'une autre vie, mais des « variantes de la même vie[2] ».

On n'a donc pas attendu les années 1980, les diatribes contre les fêtes du Palace, les procès intentés à l'alliance entre les corps qui exultent et le capital qui coule à flot, pour comprendre qu'il n'y a aucune automaticité entre levée des tabous et émancipation politique. Si Marcuse est un des prophètes de la « révolution sexuelle », il faut reconnaître que cette révolution est née d'une critique de la fausse licence en matière

1. Herbert Marcuse, *L'Homme unidimensionnel*, trad. M. Wittig, Paris, Minuit, 1964, p. 88 *sq* (« Le grand Refus est refusé »).

2. *Ibid.*, p. 84.

de mœurs. En effet, son freudo-marxisme est fondé sur le constat que, dans le capitalisme d'après-guerre, et singulièrement aux Etats-Unis, la sexualité s'est réconciliée avec la société. Marcuse n'ignore pas que le capitalisme contemporain a permis un « relâchement des tabous sexuels », il ne cesse au contraire d'insister sur le fait que « la liberté sexuelle s'est harmonisée avec un conformisme profitable[1] ». On trouve sous sa plume des descriptions de la société de consommation qui n'ont rien à envier à celles qui, de nos jours, incriminent la recherche éperdue de plaisirs dans la perpétuation de l'ordre établi. Marcuse constate ainsi dès 1955 (date de la parution d'*Éros et civilisation*) ce que certains découvrent aujourd'hui avec surprise : la classe ouvrière a cessé d'être révolutionnaire. Et cela non pas seulement parce qu'elle a cessé de croire en la révolution, mais parce qu'elle a cessé de vivre dans l'anticipation d'un bouleversement social. En mettant à disposition quantité de biens et de services autrefois réservés à une minorité, le capitalisme d'après-guerre a fait accepter comme allant de soi l'idée qu'il était inutile de dépasser l'organisation sociale actuelle. « Les gens, écrit Marcuse, se reconnaissent dans leurs marchandises, ils trouvent leur âme dans leur automobile, leur chaîne haute-fidélité, leur maison à deux niveaux, leur équipement de cuisine. Le mécanisme qui relie l'individu à la société a changé et le contrôle social est au cœur des besoins nouveaux qu'il fait naître[2]. »

1. Herbert Marcuse, *Éros et civilisation*, trad. J.-G. Nény et B. Fraenkel, Paris, Minuit, 1963, p. 94.
2. Herbert Marcuse, *L'Homme unidimensionnel*, *op. cit.*, p. 34.

L'originalité de Marcuse ne réside pas dans cette analyse de la manière dont les individus, en adhérant au superflu, adhèrent aussi à la société qui le leur fournit à un prix de plus en plus modique. Elle réside dans l'explication qu'il donne de cette intégration des plaisirs à la société. Par rapport à celle de Foucault, cette explication a le mérite de ne pas abandonner l'idée de répression, mais de la compliquer.

Cette complication est le principal bénéfice du croisement entre marxisme et psychanalyse. De Freud, Marcuse retient l'idée d'une opposition entre le principe de plaisir et le principe de réalité, le second fonctionnant comme une injonction à renoncer à l'anarchie pulsionnelle présente dans le premier. Mais il refuse de considérer cette opposition de manière anhistorique, comme si la « réalité » était une notion toujours identique à elle-même à laquelle le psychisme serait contraint de se soumettre quelles que soient les circonstances sociales. S'il y a quelque chose, sinon de conservateur, du moins de pessimiste chez Freud, c'est la croyance selon laquelle toute civilisation se fonde sur une répression de l'Éros parce que, de toute éternité, l'homme livré à ses instincts est « un loup pour l'homme[1] ». À l'inverse, Marcuse refuse de définir le principe de réalité hors de toute considération relative à l'état de développement matériel d'une société. Si, jusqu'à nos jours, toute société a réprimé les pulsions, elle ne l'a pas fait avec la même intensité ni

1. Après Hobbes, Freud reprend à son compte la formule de Plaute dans *Malaise dans la culture*, Paris, Puf, « Quadrige », 2015, p. 54.

en suivant les mêmes procédures. S'inspirant désormais du marxisme, le philosophe montre ainsi qu'une société marquée par la pénurie définit la « réalité » (*i.e.* le principe de renoncement au plaisir nécessaire à l'équilibre psychique) de manière plus contraignante qu'une société où règne une relative abondance. Or, c'est précisément dans une société dite d'abondance que nous vivons aujourd'hui. En sorte qu'il faut se demander, non ce que désigne le principe de réalité en général, mais ce qu'il signifie dans sa forme actuelle.

Marcuse nomme « principe de rendement » la figure prise par le principe de réalité dans le capitalisme avancé. Le « rendement » est la réalité à laquelle il faut mesurer nos plaisirs dans une « société orientée vers le gain et la concurrence [et où] la domination a été de plus en plus rationalisée[1] ». Le prodige accompli par le principe de rendement est de soumettre à un même critère la vie érotique et la vie sociale, ce qui contribue à ôter à la première toute charge contestatrice vis-à-vis de la seconde. Dès lors que la jouissance est assimilée à un gain, le travail peut être investi par la libido tandis que les plaisirs sont organisés économiquement à l'intérieur de la sphère des loisirs.

Dans le psychisme du personnage principal de *Shame*, c'est le principe de rendement qui triomphe. Comme on l'a vu, Brandon ne nie pas sa libido, il la soumet à un idéal de maîtrise qui assimile chaque orgasme à un retour sur investissement. Faut-il conclure du fait qu'un individu de ce genre est libre

1. Herbert Marcuse, *Éros et civilisation*, *op. cit.*, p. 50.

de recourir à la prostitution et à la pornographie à la demande au fait que sa sexualité n'est plus réprimée par rien ? Pour répondre à cette question, on peut se référer à un concept de Marcuse dont on ne soulignera jamais assez le caractère opératoire : la « désublimation répressive ». En clair, le capitalisme contemporain est libidinal si l'on entend par là qu'il a renoncé à l'exigence de sublimer la sexualité en direction d'activités jugées culturellement plus nobles. Le sexe se montre désormais comme « sexe », la baise se dit comme « baise », et la morale sociale ne cherche plus à détourner ces pulsions de leurs buts. Elle indique plutôt le chemin le plus rapide, et le mode de paiement le plus adéquat, vers leur satisfaction.

Le problème est de savoir comment interpréter cette « tolérance » nouvelle : est-elle un progrès dans la *libération* sexuelle ou seulement une étape dans la *libéralisation* du sexe ? Marcuse parle de « désublimation répressive » pour indiquer que la valorisation sociale du sexe n'est pas, en elle-même, un gage d'émancipation politique. Elle peut au contraire cacher une répression d'autant plus efficace qu'elle prend l'allure d'un contrôle de l'individu par lui-même plutôt que celle d'un interdit venu d'en haut. Dans une société où le sexe tend à devenir un élément de la consommation, l'opposition entre le principe de plaisir et le principe de réalité s'est émoussée au point de donner naissance à la croyance selon laquelle ils coïncideraient dans le rendement. L'individu croit qu'il est libre de ses plaisirs, car il rencontre sur sa route une série limitée d'interdits et un grand nombre de sollicitations à la jouissance. Mais, et sur ce point Marcuse tranche avec les lectures désabusées de la libération sexuelle, cette croyance est parfaitement illusoire.

Il est faux, par exemple, d'associer la libéralisation du sexe avec le triomphe d'une individualité libre. C'est plutôt à une désindividualisation des plaisirs que l'on assiste puisque la société ne valorise que ceux qu'elle peut satisfaire sans risque pour son propre fonctionnement. Dans notre terminologie, les plaisirs sont « représentés » comme désirables à l'aune de leur plus ou moins grande compatibilité avec le principe de rendement, et cela au détriment de leur dimension événementielle. Marcuse remarque ainsi que le plaisir sexuel tend à être localisé dans l'orgasme, car celui-ci se laisse apparemment mesurer (il a lieu ou non) à l'inverse de ce qui le précède comme caresses ou le suit en matière d'étreintes. Freud avait déjà distingué entre la sexualité comme pulsion partielle satisfaite dans l'orgasme et l'Éros comme pulsion de tout l'organisme. Marcuse reprend cette distinction pour montrer que ce n'est pas l'individualité entière qui se trouve valorisée par le sexe prescrit dans la société de consommation, mais seulement une partie du corps. La libido est concentrée dans les organes génitaux, « laissant tout le reste [de l'organisme] disponible en vue d'une utilisation comme instrument de labeur[1] ». Cette spatialisation de la libido est indissociable de sa limitation temporelle : la désublimation répressive distingue entre un temps pour le travail et un temps pour la jouissance comme elle sépare la vie professionnelle des

1. *Ibid.*, p. 53 (trad. mod.).

heures dévolues au loisir. Dans cette division sociale du temps entre productivité et plaisirs, l'idée qu'il puisse y avoir de la joie dans le travail est totalement abandonnée.

Aux antipodes de l'exigence associée à une politisation du plaisir (avoir plus d'un corps), l'organisme se trouve donc parcellisé en fonction des diverses utilisations sociales dont il fait l'objet. Faut-il en conclure qu'il n'y a plus rien à attendre de l'Éros dans une société qui a si bien réussi à mettre l'énergie libidinale au service de sa perpétuation ? Marcuse montre, au contraire, que l'instinct sexuel résiste à sa limitation spatio-temporelle (son devenir représentation) parce que, ainsi que l'a montré la psychanalyse, il est d'essence polymorphe et ignore les partages temporels imposés par la société. En d'autres termes, l'Éros ne se laisse pas plus réduire à une partie du corps qu'il ne peut se cantonner aux instants que l'individu parvient à soustraire au temps de travail.

Dans cette perspective, *Éros et civilisation* procède à un plaidoyer politique en faveur de la « perversion » que l'on aurait tort de juger naïf sous prétexte qu'un grand nombre de perversions sont désormais admises sans que cela change grand-chose à l'équilibre de la domination. Selon Freud, la perversion désigne l'ensemble des pratiques sexuelles non génitales : elle commence avec les baisers et s'étend jusqu'aux actes homosexuels, sadomasochistes ou fétichistes. Le « pervers » procède donc à une érotisation de parties de son corps traditionnellement associées à d'autres fonctions, ce qui lui vaut (ou lui valait) souvent une réputation de débauché. Contrairement à l'insistance sociale sur la sexualité génitale, le « pervers » mise sur la polymorphie essentielle de l'Éros : il fait un événement de plaisir avec n'importe quel organe, pour ne rien dire des artefacts, vêtements ou matières qui sont intégrés à la dramaturgie sexuelle. Qu'y a-t-il là de politique ? La thèse de Marcuse est qu'en même temps qu'elles se soustraient à l'ordre de la procréation, les perversions se rebellent contre les institutions qui défendent cet ordre. Par le simple fait qu'elles excèdent les pratiques du sexe prescrit à une époque donnée, les perversions « se révoltent contre le principe de rendement au nom du principe de plaisir[1] ».

En échappant à la culpabilité névrotique, le « pervers » remet en cause l'équation sociale entre l'utile et le bien. Le rêve du pornographe Jacques Laurent évoqué au début de ce chapitre est un rêve pervers. Le cinéaste voudrait filmer des accouplements sans mot ni expression, une jouissance sans queue ni tête, bref un événement où les organes du corps échappent aux fonctions qui leur sont assignées par l'industrie pornographique. Ce projet n'est pas seulement désavoué par le producteur pour des raisons commerciales, il l'est aussi parce qu'il pourrait convaincre le spectateur qu'une autre économie des plaisirs existe que celle qui emprunte le plus court chemin vers l'orgasme. Bien sûr la pornographie contemporaine *mainstream* est pleine de perversions. Mais celles-ci sont finalisées par l'image de l'orgasme, tandis que les protagonistes sont filmés à l'aide de gros plans qui parcellisent leurs corps. Un organe, une fonction ; une image, une

1. *Ibid.*, p. 54.

signification : tels pourraient être les mots d'ordres d'une pornographie délestée de tout érotisme. Et si peu perverse qu'elle en devient politiquement insignifiante.

L'analyse marcusienne du potentiel critique des perversions tranche nettement avec la description par Foucault de la figure du « pervers » telle qu'elle est, à ses yeux, construite par les discours médicaux modernes. En pensant à l'invention, au XIXe siècle, de l'homosexualité comme catégorie, Foucault insiste sur les dispositifs qui assignent certains individus à une identité sexuelle. Il est possible qu'au niveau du désir, et donc du sexe représenté, cette analyse soit exacte. Dans la modernité, le corps des homosexuels s'est vu progressivement investi par des savoirs médicaux qui visaient d'abord à le guérir, puis à rendre cette forme de libido compatible avec la vie sociale. Jusque-là, la « tolérance » à l'égard des perversions n'est que l'autre face d'une entreprise de connaissance qui vise à l'objectivation des corps, préalable à leur domestication. Mais Marcuse rappelle que les homosexuels qui parlent de leurs désirs ne miment pas seulement le discours social dominant, ils s'expriment aussi depuis les expériences concrètes de leurs plaisirs. Dans une page étonnante, le philosophe associe le désir homosexuel d'Orphée (le poète dont, d'après Ovide, « les chants apprirent aux peuples de Thrace à reporter leur amour sur de jeunes garçons[1] ») à la puissance de son chant qui libère les hommes d'un commerce utilitaire avec la nature. En même temps

1. Ovide, *Les Métamorphoses*, Livre X, cité par H. Marcuse, *ibid.*, p. 151.

qu'il poétise son érotisme « pervers », Orphée invite ses auditeurs à envisager le vivant avec douceur et amour, allant jusqu'à les dissuader « du meurtre des animaux et d'une nourriture infâme[1] ». Cette ode au végétarisme se situe aux antipodes de l'ascèse végan car Orphée « rejette l'Éros normal, non au bénéfice d'un idéal ascétique, mais au bénéfice d'un Éros plus complet[2] ». Selon cette hypothèse, c'est parce qu'il a, au travers de ses plaisirs, libéré l'Éros de sa seule dimension procréative qu'Orphée est en mesure de le sublimer en direction d'une nature libérée de l'impératif du rendement. Il ne renonce pas à se nourrir de la chair des animaux pour des raisons morales ou par crainte que celle-ci ne vienne souiller la sienne. Il fait de ses plaisirs érotiques « pervers » le point de départ à l'expérimentation sensible de nouveaux rapports au monde.

DU PLAISIR DES FEMMES AU DÉSIR DE TOUS

On objectera peut-être que, si les perversions possédaient la charge subversive qu'un auteur comme Marcuse plaçait en elles, la levée des interdits aurait dû produire des effets politiques notables. À cela, il faut d'abord répondre que ces effets ont

1. Ovide, *id.*
2. Marcuse, *Éros et civilisation*, *op. cit.*, p. 151.

eu lieu et qu'ils sont loin d'avoir épuisé tout leur sens. Aujourd'hui, c'est surtout le plaisir féminin qui fait l'objet de discours associés à des pratiques nouvelles. Que ces discours soient d'abord tenus par des femmes ne devrait pas scandaliser les partisan(e)s de l'universalisme en matière de mœurs : comme ces paroles trouvent leur origine dans des plaisirs ignorés du fait des représentations patriarcales de la sexualité, il est inévitable qu'elles soient portées par des voix féminines. Davantage encore que dans des ouvrages théoriques, ces paroles sont rendues publiques aujourd'hui sur des blogs, dans des podcasts ou dans des livres qui prennent appui sur des témoignages en première personne. Ainsi, le compte « T'as joui ? » (suivi par un demi-million de personnes) publie sur Instagram les récits, souvent anonymes, de femmes qui interrogent leur rapport au plaisir, s'élèvent contre le mythe de la frigidité, échangent des techniques pour parvenir à la jouissance. Majoritairement hétérosexuels, les plaisirs dont il est question sur ce compte interpellent les hommes sur leurs préjugés en matière d'orgasme féminin. En effet, l'interrogation « t'as joui ? » est routinière dans la bouche de certains hommes qui la formulent après l'étreinte. Chez eux, elle prend souvent la forme d'une question rhétorique : ils n'envisagent pas d'autre réponse possible que celle qui confirme que tout a été fait pour le mieux. Que des femmes, non sans ironie, s'emparent désormais de cette question et y répondent sans souci de bienséance apparaît dès lors comme une épreuve de vérité potentiellement cruelle.

Il serait pourtant erroné de ne voir dans ces paroles qu'une mise en accusation d'un genre par l'autre. À côté des témoignages qui relatent l'ignorance des hommes face aux spécificités de l'orgasme féminin, on en trouve d'autres qui compliquent la notion de jouissance. C'est parce que la question « t'as joui ? » était jusque-là posée par des hommes sûrs de leurs représentations de ce que « jouir » veut dire que, lorsqu'elle devient un objet de discussions entre femmes, elle s'enrichit de significations nouvelles. Il ne s'agit plus tant, alors, de soumettre la question à une réponse binaire (« J'ai joui »/« Je n'ai pas joui ») que d'interroger ce qu'un plaisir-événement a de singulier.

On retrouve par-là le concept de perversion qui désigne justement cette spécificité propre à la sexualité humaine de multiplier indéfiniment les modalités de la jouissance. Que le plaisir des femmes ne soit pas moins « pervers » que celui des hommes, qu'il le soit peut-être même davantage[1], signifie en l'occurrence qu'il lui arrive de s'émanciper du paradigme de la pénétration auquel la vision masculine de l'orgasme tend à le réduire. La dialectique entre le sexe comme représentation et le plaisir comme événement se donne libre cours dans des ouvrages qui mettent en valeur d'autres intrigues et d'autres images de la satisfaction sexuelle que celles qui la

1. Les réflexions sur le clitoris comme organe spécifiquement dévolu au plaisir parce que dénué d'une autre fonction « utile » entrent dans le cadre d'une réhabilitation politique des perversions contre leur déni (voir Catherine Malabou, *Le Plaisir effacé. Clitoris et pensée*, Paris, Payot & Rivages, 2020).

réduisent à une libido génitale. La promotion de ces livres comme manuels d'éducation sexuelle explique sans doute leur succès : qui ne rêve de disposer d'une « cartographie du plaisir » qui recense les chemins les plus sûrs vers la jouissance[1] ? Quoi que l'on pense de ces tentatives pour renouveler les discours de la méthode en matière sexuelle, il reste que de nouvelles représentations du désir naissent sur la base d'événements de plaisirs qui les précèdent. Pour parler comme Marcuse, les expériences où l'Éros échappe au principe de rendement ouvrent la voie à de nouveaux discours sur la sexualité. Des pratiques perverses fondent des théories transgressives à l'égard du patriarcat sexuel, et non l'inverse.

En ce sens, le fait que de plus en plus de femmes revendiquent leurs perversions est, politiquement, une bonne nouvelle. Cela contribue déjà à les arracher à la figure névrotique de l'hystérie à laquelle Foucault associait le destin moderne de leurs corps[2]. En parlant de leurs plaisirs, les femmes ne contribuent pas seulement, et comme malgré elles, à l'élaboration d'une nouvelle science sexuelle qui classifie les êtres selon leurs jouissances (par exemple : d'un côté les femmes « vaginales », de l'autre les femmes « clitoridiennes »).

1. À ce jour, le livre illustré de Jüne Pla intitulé *Jouissance club. Une cartographie du plaisir* (Paris, Marabout, 2020) a été vendu à plus de 250 000 exemplaires. Cette audience s'explique certainement par sa promesse de présenter les « 1 001 manières de se donner du plaisir autrement, de manière décomplexée, jubilatoire et bienveillante ».

2. *La Volonté de savoir* n'envisage le désir des femmes que sous l'angle de l'« hystérisation » biopolitique dont leur corps fait l'objet depuis le XIXe siècle (*op. cit.*, p. 137).

Précisément parce qu'elles parlent de leurs plaisirs, et non pas uniquement de leurs désirs, elles restituent à la sexualité moderne sa promesse politique : vivre des évènements dans un monde saturé de régularités – en l'espèce, les régularités décrétées par l'ordre patriarcal.

Ce n'est pas seulement la parole qui se libère à l'occasion de ces mises en discours, mais aussi un espace pour des expérimentations qui échappent à l'injonction à la jouissance. Ces expériences relèvent bien de ce que Marcuse appelle « perversions » : une érotisation des corps qui déjoue les tentatives pour réduire le plaisir sexuel à une fin socialement utile. Dans les années 1960, cette fin socialement utile était généralement la procréation ; aujourd'hui, elle s'apparente à une sexualité efficace fondée sur l'expérience masculine de l'orgasme. Cela ne change rien au problème de fond : les discours des femmes sur leurs plaisirs enseignent, y compris aux hommes, que l'Éros peut être envisagé comme une « fin en soi[1] ».

Dans *La Femme unidimensionnelle*, la philosophe Nina Power a montré que l'érotisation d'une seule partie du corps des femmes participe de leur subordination économique. Elle parle de « voyeurisme segmentaire » pour désigner l'incitation faite aux femmes de transformer des parties de leurs

1. « Contre une société qui utilise la sexualité pour réaliser une fin socialement utile, les perversions maintiennent la sexualité comme une fin en soi ; elles se placent ainsi en dehors du règne du principe de rendement et mettent en question sa base même » (Herbert Marcuse, *Éros et civilisation*, *op. cit.*, p. 54).

corps (par exemple leur poitrine) en instruments de promotion sociale[1]. Devenus un « élément de leur CV », les seins s'autonomisent au point de ne plus entretenir de rapport avec le reste du corps. Nina Power montre très bien que l'érotisation partielle du corps (un organe, une fonction) est indissociable de sa marchandisation : le désir d'arborer une poitrine parfaite découle de l'obligation faite aux femmes de transformer leur corps en publicité d'elles-mêmes. La philosophe n'en conclut pas à une critique du capitalisme libidinal qui lui reprocherait d'avoir érotisé le travail. La vérité est plutôt qu'il a transformé l'érotisme en modalité de la vie professionnelle, ce que confirme l'assimilation du sexe à un labeur dans la pornographie contemporaine. Celle-ci présente les actes sexuels des femmes de manière « calviniste » : comme un travail mené sans joie et dans le souci exclusif de la réussite[2]. Si la pornographie actuelle est devenue ennuyeuse, c'est parce qu'elle reproduit les impératifs économiques de performance dans le champ de la sexualité : on n'y voit jamais une actrice rire ou échouer, encore moins rire parce qu'elle a échoué (à faire jouir son partenaire). On y voit toujours une réconciliation factice entre la libido des hommes et celle des femmes obtenue grâce au labeur des secondes. Loin de participer à une érotisation du monde, ce genre de mise en scène de la sexualité

1. Nina Power, *La Femme unidimensionnelle*, trad. N. Vieillescazes, Paris, Les Prairies ordinaires, p. 44.

2. *Ibid.*, p. 81. L'ascèse calviniste est au centre de l'éthique protestante dont l'affinité avec l'esprit du capitalisme a été décrite par Max Weber.

rentable est destinée à convaincre que « tout est travail, y compris surtout le plaisir[1] ».

En ce sens, la revendication par les femmes de plaisirs moins formatés possède un sens politique. Elles ont acquis le droit de contribuer à des récits sur la sexualité qui, pour devenir normatifs, devaient jusque-là être élaborés par des hommes et avalisés par l'impératif de performance. Certes, il arrive que ces récits inédits prennent un tour vindicatif à l'encontre des hommes en général. Il arrive aussi qu'ils soient perçus comme un outrage à la « vérité » du plaisir qui se trouverait établie, une fois pour toutes, dans les représentations masculines de ce qu'est un acte sexuel réussi. Dans l'un et l'autre cas, on oublie que les perversions démontrent qu'il est possible de libérer le principe de plaisir du principe de rendement. Bien que, dans des sociétés qui continuent à être dominées par le patriarcat, les hommes parlent davantage le langage du rendement que les femmes, ils n'y adhèrent pas en fonction de leur genre, mais sous la pression d'une désublimation répressive qui ne « libère » leur libido que pour mieux permettre son intégration sociale. Immobiliser les conflits qui ont lieu à propos du plaisir féminin dans une « guerre des sexes », c'est faire peu de cas de ce que les hommes et les femmes, s'ils ne subissent pas les

1. *Ibid.*, p. 87. Dans un esprit que n'aurait pas désavoué le personnage joué par Jean-Pierre Léaud, Nina Power oppose aux films X contemporains les scènes pornographiques anarchiques et joyeuses tournées au début du XXe siècle en France et où « le sexe n'était pas une suite de tristes orgasmes et un étalage de prouesses physiques, <*mais*> tendait plutôt vers le vaudeville » (*ibid.*, p. 82).

mêmes injustices, vivent néanmoins dans la même société. Le fait que celle-ci soit en général moins dure aux premiers qu'aux secondes ne la rend pas pour autant douce à la majorité des gens. Le privilège accordé aux hommes hétérosexuels leur offre le luxe ambigu de confondre leur intérêt avec celui d'une économie libidinale fondée sur le culte de la performance. Il est incontestable, par exemple, que Brandon, le personnage désincarné de *Shame*, occupe une place plus enviable dans la hiérarchie des exploitations que les prostituées dont il paye les services. Mais être aveugle à son malheur ne le rend pas pour autant heureux.

S'il n'était pas enfermé dans ses représentations apolitiques du réel, un tel personnage aurait peut-être été sensible à la critique de l'ascèse menée par la poétesse féministe et lesbienne Audre Lorde. « La position de l'ascète, écrit-elle, est celle de la plus grande peur, de l'immobilité la plus angoissée. L'abstinence rigoureuse de l'ascète devient une obsession dominante. Il ne s'agit plus d'autodiscipline, mais d'auto-négation[1]. » Destinée à des femmes dépossédées de leur puissance érotique par une société qui cantonne leur Éros à la chambre à coucher, cette remise en cause de l'ascèse peut aussi être entendue par des hommes qui confondent leur libido avec un fantasme de maîtrise.

Lorde montre que l'érotisme est une puissance qui excède les pratiques sexuelles *stricto sensu* : il désigne un mode de connaissance non rationnel de soi qui

1. Audre Lorde, « L'érotisme comme puissance », dans *Sister Outsider*, Paris, Mamamelis, 2003, p. 54.

permet d'envisager à nouveaux frais tous les aspects de son existence. Le plaisir est une connaissance qui prend la figure d'un événement : « Dans l'érotisme, ce n'est pas seulement ce que nous faisons qui compte, c'est aussi l'acuité et la plénitude avec laquelle nous ressentons ce que nous faisons[1]. » Que tout soit fait pour que les femmes soient privées d'un accès à cette connaissance, que la société les incite à se comporter comme des ascètes dans tout ce qui n'est pas directement sexuel (ascèse de la mère, de la travailleuse, de l'infirmière, de la caissière, etc.), indique que le capitalisme, même quand il fait l'apologie du « fun », continue à se méfier de l'érotisme. Il demande aux femmes (et à de nombreux hommes) d'aimer leur travail, de s'y investir corps et âme et, si possible, de s'y « éclater ». Mais il leur refuse d'envisager concrètement que leur travail devienne joyeux, inventif et libre, car cela supposerait de rompre avec l'impératif de rendement. Pour les plaisirs gratuits, dit-on, il y a les loisirs : attendez la fin de la semaine et, d'ici-là, laissez vos puissances érotiques à la porte du bureau ou de l'usine. « Cela revient, écrit Audre Lorde, à rendre un peintre aveugle pour lui demander ensuite d'améliorer son travail[2]. »

Les plaisirs « pervers » n'attendent pas d'avoir intégré les représentations sociales majoritaires pour exister, de la même manière que les femmes n'attendent plus, aujourd'hui, l'autorisation des hommes pour mettre en scène leur libido. Un véritable événement

1. *Ibid.*, p. 52-53.
2. *Ibid.*, p. 54.

modifie la représentation : on n'envisage plus le monde après son apparition comme on le faisait avant. De la même manière, un plaisir inédit ne satisfait pas un désir qui le précède : il crée de nouveaux désirs qui, jusque-là, étaient inimaginables.

Il nous reste à comprendre que ces désirs engendrés par des plaisirs imprévus sont politiques et que « reconnaître la puissance de l'érotisme dans nos existences peut nous donner l'énergie nécessaire pour poursuivre la transformation de notre monde, au lieu de nous satisfaire d'un simple changement de rôles au sein du même vieux drame éculé[1] ».

1. *Ibid.*, p. 57.

CHAPITRE IV

Les pavés et la plage

« Le gamin est un être qui s'amuse parce qu'il est malheureux. »

Victor Hugo, *Les Misérables* (à propos de Gavroche et des « gamins de Paris »)

Quoi que l'on pense des évolutions idéologiques du Parti socialiste et de sa pratique du pouvoir, le symbole du poing et de la rose demeure une belle trouvaille. François Mitterrand en avait fixé le sens au congrès d'Épinay de 1971 : « Le poing pour le combat, la rose pour le bonheur[1]. » Contempler la beauté du monde, partager des allégresses, être joyeux, aimer et être aimé, ne sont pas des diversions affectives qui éloignent de l'engagement politique, elles y ramènent. La rose a des échardes : à la manière d'un plaisir arraché à l'organisation sociale de la tristesse, elle peut égratigner. De nos expériences de plénitude à l'idée qu'un agencement social alternatif permettrait de les généraliser, il n'y a qu'un pas. Si l'on tend le poing

1. Voir Frédéric Cépède, « Le poing et la rose. La saga d'un logo », *Vingtième Siècle*, n° 49, janvier-mars 1996, p. 18-30.

pour les roses à venir, les roses présentes donnent du courage pour le serrer.

Cette alliance paradoxale du poing et de la rose rappelle une image forgée par Hegel pour définir la tâche de la philosophie politique : reconnaître la présence de la raison dans l'histoire comme on reconnaît « la rose dans la croix du présent[1] ». Voir la rose dans le présent, et s'en réjouir, signifie mettre au jour ce qui est rationnel dans un monde apparemment irrationnel. Cette métaphore rappelle que, selon Hegel, la philosophie a pour but de nous réconcilier avec ce qui est. Mais pas à n'importe quel prix. La croix symbolise la douleur, la violence et les injustices comme le poing des socialistes renvoie à l'âpreté d'une lutte qui ne se mène pas sans sacrifices et s'expose au risque de l'échec. En politique comme en philosophie, il s'agit de se confronter aux contradictions caractéristiques d'une histoire dans laquelle la rose et la croix, le bonheur et la lutte, le plaisir et la souffrance, la liberté et la contrainte, s'entrelacent.

Pour saisir le sens de ces contradictions, il faut s'abstenir de figer les oppositions et faire preuve d'esprit dialectique. À ne regarder que la rose, on en vient à adhérer à une société qui semble en offrir à profusion, même si c'est uniquement sous la forme de marchandises à consommer. À ne considérer que la croix, on condamne les plaisirs sous prétexte qu'ils se payent d'une immense injustice sociale.

1. G. W. F. Hegel, *Principes de la philosophie du droit*, « Préface », trad. J.-F. Kervégan, Paris, Puf, « Quadrige », 2003, p. 133.

L'emblème du poing et de la rose a été adopté par le Parti socialiste à une époque où il prétendait changer la vie en transformant le monde. Depuis le congrès d'Épinay, le poing s'est desserré et la rose a perdu ses échardes, entre autres raisons parce que ce parti a abandonné la dialectique. Ses dirigeants ont fini par se convaincre qu'il n'existe pas d'autres plaisirs que ceux, individualistes, proposés par la société de consommation. La rose est là, à chacun de la cultiver dans son jardin. À quoi bon brandir encore le poing dans une société où la croissance est devenue synonyme du progrès ?

Nous avons vu pourquoi la réponse ascétique à ce genre d'abandon se condamne à l'impasse. Bien qu'elle tire des conclusions opposées à celles de la social-démocratie réformiste, l'ascèse de gauche rabat, elle aussi, l'expérience du plaisir sur le consumérisme individualiste. L'enthousiasme populaire qui accompagne la commercialisation du dernier iPhone, la consommation de sexe sur des sites de rencontres payants, les foules qui se pressent aux abords des boutiques lors du *Black Friday* sont, parmi d'autres phénomènes, régulièrement cités comme des signes de ce qu'il n'y aurait plus rien à attendre politiquement de plaisirs formatés par le capitalisme. Tout aussi étrangère à la dialectique, l'ascèse de gauche ne reconnaît plus la rose dans la croix du présent. Ce qui pose un problème de taille : au nom de quel horizon positif s'engager s'il n'y a rien, dans l'expérience sensible, qui atteste qu'une autre organisation sociale est *réellement* possible ?

Pour ne pas confondre le plaisir avec les captations publicitaires dont il fait l'objet, il faut lui restituer sa dimension dialectique, autrement dit l'envisager comme une puissance de négation. Nous avons vu que s'est imposée l'idée selon laquelle les plaisirs ne sont qu'une manière de dire « oui » à la société, à rebours de l'enseignement de Marcuse relatif au potentiel contestataire inentamé d'Éros. Il nous faut désormais montrer que la méfiance à l'égard du plaisir conçu comme adhésion à l'ordre établi procède d'un oubli de la dialectique présente même dans les expériences de plénitude. Ce n'est pas un hasard si, en France, les pensées devenues dominantes à gauche ont abandonné la dialectique en même temps qu'elles condamnaient politiquement le plaisir (Deleuze) ou qu'elles finissaient par le dissoudre dans une esthétique individualiste de l'existence (Foucault). À rebours de ces approches unidimensionnelles (le plaisir n'est rien d'autre que l'affirmation joyeuse de ce qui est, de ce que je suis ou même de ce que je deviens), nous nous intéresserons à des pratiques du plaisir, comme le rire et le jeu, qui contestent la logique de la domination.

C'est en 1968 que, pour la dernière fois, le plaisir s'est imposé comme un motif de contestation collective. Après tout, l'emblème du poing et de la rose doit beaucoup à l'idée apparemment saugrenue, mais joyeusement dialectique, selon laquelle, « sous les pavés », il y a la « plage ». Ce rapprochement entre des éléments contradictoires résume une théorie de l'action politique absolument étrangère à l'ascèse, mais qui ne manque pas pour autant de réalisme. La plage n'est pas simplement-là, disponible comme sur un prospectus publicitaire pour club de vacances. Elle demande à être conquise, ce qui ne se fait pas toujours sans affrontements.

Il est vrai que nous ne sommes plus en 1968. Non seulement parce que les promesses politiques en matière de libération sexuelle n'ont pas toutes été tenues, mais aussi parce que les tentatives pour sauver la dialectique, même une dialectique joyeuse, humoristique et ludique, ont échoué devant le tragique de l'histoire. Une des raisons qui expliquent pourquoi, aujourd'hui, le plaisir est rarement envisagé comme une question politique, est l'attention de plus en plus exclusive à la souffrance comme origine de la critique sociale. Il faut partir de cette attention aux violences, non pour lui opposer une hédonisme politique naïf, mais pour comprendre comment elle peut s'articuler (dialectiquement) à une valorisation des plaisirs.

EXTENSION DU DOMAINE DE LA VIOLENCE

C'est devenu une banalité de le dire : les sociétés contemporaines se caractérisent par une sensibilité accrue à l'égard de tout ce qui pourrait s'apparenter à une action ou à une attitude violente. Tous, il est vrai, ne classent pas les mêmes phénomènes sous la catégorie de « violence ». Certains insistent sur les violences commises contre l'État, d'autres s'en prennent au contraire à la violence d'État. Selon ses allégeances idéologiques, un individu se scandalisera en priorité, ou bien des heurts provoqués par des manifestants, ou bien des violences exercées contre eux par la police. Le premier assimilera une grève à une « prise d'otages », l'autre verra un affront dans le fait d'être tutoyé par les forces de l'ordre[1]. Au-delà des différences dans les attributions du prédicat « violent », la tendance demeure toutefois la même. On assiste depuis plusieurs décennies à une extension du domaine de la violence : des phénomènes qui jusque-là étaient considérés comme inévitables ou insignifiants, apparaissent intolérables. En effet, cette sensibilité accrue au recours à la force s'accompagne d'un jugement négatif. Aujourd'hui, dire « violence » équivaut presque toujours à dire « mal ».

Cette évolution traduit incontestablement un progrès dans le domaine de la sensibilité politique. On peut ironiser sur la mise en place d'une « cellule psychologique » lors du moindre événement susceptible de provoquer un traumatisme, il n'en reste pas moins que l'abaissement du seuil de tolérance à l'égard de la violence s'ancre dans la mémoire des crimes qui ont jalonné le XXe siècle. Les guerres mondiales et les génocides ont rendu intolérables des violences politiques autrefois perçues comme un moindre mal, donc comme un bien relatif. Plus encore que la violence elle-même, c'est sa justification au nom d'un avenir radieux qui apparaît désormais scandaleuse. En même temps que l'on abandonnait ce genre de

1. Cela étant dit sans ignorer l'augmentation objective des violences policières en France (une hausse de 41 % entre 2019 et 2020, d'après l'IGPN).

légitimation providentialiste de la violence, on renonçait aux approches dialectiques de l'histoire. Il est ainsi devenu difficile d'admettre avec Marx que la violence est « l'accoucheuse de toute vieille société qui en porte une nouvelle dans ses flancs[1] ». Non seulement parce que le prix à payer pour ces « accouchements » est apparu exorbitant, mais surtout parce que les « sociétés nouvelles » n'ont en rien, c'est le moins que l'on puisse dire, mis un terme au cycle de la violence politique.

Il y a donc d'excellentes raisons pour considérer que, loin de permettre le dénouement heureux des crises, les violences extrêmes perpétrées dans l'histoire sont devenues « inconvertibles[2] ». Ce avec quoi nous avons heureusement rompu est la croyance selon laquelle la violence portait en elle-même sa propre fin, c'est-à-dire aussi bien sa disparition prochaine que son accomplissement dans un état de choses meilleur. La rupture avec *cet* usage de la dialectique (la dialectique comme conversion du mal en bien) a permis de mettre en lumière des violences moins spectaculaires, mais pas moins réelles, que celles qui ont accompagné les guerres industrialisées du XXe siècle. En effet, dès lors que la violence cesse d'être référée à une finalité historique, elle cesse d'être comprise selon un paradigme mono-causal. L'extension du domaine de la violence désigne alors l'attention à d'autres injustices

1. Karl Marx, *Le Capital*, Livre III, Paris, Puf, 1993, p. 843-844.

2. Voir Étienne Balibar, *Violence et civilité*, Paris Galilée, 2010. La liste des violences inconvertibles s'est allongée au XXIe siècle avec l'apparition d'un terrorisme de masse aussi monstrueux que politiquement improductif.

que celles qui relèvent strictement de l'exploitation d'une classe sociale par une autre. Quels que soient les liens qu'elles entretiennent avec la violence économique, que l'on considère qu'elles en découlent ou qu'elles obéissent à des logiques différentes, les violences liées au genre, à la race ou à l'orientation sexuelle ont intégré la critique sociale parce que l'exercice arbitraire de la force a cessé d'être conçu comme le moteur du développement de l'histoire.

De ce point de vue, il est étonnant de voir aujourd'hui s'élever contre la « gauche victimaire » certains intellectuels qui, lorsqu'ils se réclamaient de la « nouvelle philosophie » dans les années 1970, reprochaient aux marxistes de justifier les atteintes aux droits de l'homme par les nécessités de la révolution. Sauf à décider *a priori* qu'il y a de bonnes victimes et qu'il y en a de mauvaises, le rejet de la théodicée en matière de politique (c'est-à-dire le refus de justifier un mal individuel au nom d'un bien supérieur collectif) implique de dénoncer les violences là ou celles-ci ont lieu socialement. Si, pour paraphraser Kant, la violence politique s'exerce à chaque fois qu'une autorité maintient par la contrainte une partie de la population dans un « état de minorité », il n'y aucune raison de figer le concept de violence dans l'exercice d'un seul type de coercition.

L'extension contemporaine du domaine de la violence et le rejet de la dialectique conçue comme une justification ont permis de mettre en lumière des mécanismes de domination jusqu'alors méconnus. Ainsi, l'opposition traditionnelle entre le langage et la violence (le premier étant supposé procéder par l'argumentation, la seconde par la force brutale) a été remise en cause par la notion de « violence symbolique ». Ce concept a été forgé par Pierre Bourdieu afin d'éclairer les mécanismes par lesquels un sujet adhère à une contrainte qui s'exerce sur lui sans qu'il en perçoive le caractère arbitraire[1]. Ces mécanismes sont le plus souvent d'ordre discursif : le langage par lequel le dominant interpelle, classe, définit, objective le dominé, est intériorisé par celui-ci, en sorte qu'il finit par consentir aux discours qui le maintiennent dans une situation d'infériorité. La violence symbolique rappelle que l'usage d'un mot ou d'une catégorie pour désigner un groupe d'individus peut dénier à ceux auxquels il s'applique la possibilité d'être (ou de paraître) autre chose que ce que la société dit qu'ils sont. Il y a violence car il y a assignation forcée à une identité non choisie.

Ceux qui s'opposent à l'inflation contemporaine des références à la violence symbolique arguent souvent du fait que ce genre de contraintes n'a aucune commune mesure avec la violence « réelle » exercée brutalement sur les corps. Cela revient à admettre sans examen qu'il n'y a aucun rapport entre les corps et le langage social qui porte sur eux. Or, la violence symbolique « s'inscrit durablement dans les corps des dominés, sous la forme de schèmes de perception et

1. « La violence symbolique est cette coercition qui ne s'institue que par l'intermédiaire de l'adhésion que le dominé ne peut manquer d'accorder au dominant (donc à la domination) lorsqu'il ne dispose, pour le penser et pour se penser ou, mieux, pour penser sa relation avec lui, que d'instruments qu'il a en commun avec lui » (Pierre Bourdieu, *Méditations pascaliennes*, *op. cit.*, p. 245).

de dispositions[1] ». Le discours social dominant devient efficace en étant incorporé par les dominés : il oriente d'autant plus efficacement l'action des sujets qu'il a au préalable déterminé leur perception d'eux-mêmes et de leur statut. Pour que la subordination apparaisse naturelle, cette perception doit être négative, donc potentiellement douloureuse.

Mieux vaut adresser une autre question à la popularisation du concept de « violence symbolique » : qu'est-ce que les sujets peuvent *faire* de la conscience qu'ils ont acquise d'en être victimes ? Avec cette question, nous retrouvons le plaisir en même temps que la dialectique.

Après avoir insisté, dans l'esprit de Bourdieu, sur la violence liée à la « répétition » sociale des mêmes injures adressées rituellement aux mêmes sujets, Judith Butler montre que ces injures font parfois l'objet d'une réappropriation par ceux auxquels elles s'adressent. Le problème est bien de savoir ce que les individus font des blessures symboliques qui leur sont infligées, étant entendu qu'ils ne sont pas condamnés à répéter en eux-mêmes la honte que l'injure voudrait leur faire ressentir. Remarquant que « les mots peuvent être disjoints de leur pouvoir de blesser », Butler nomme « resignification » l'opération par laquelle un sujet détourne le sens d'une injure[2]. Soit l'exemple du mot *queer*, qui signifie aussi bien « bizarre » ou « étrange » que « folle » ou « pédé ». Sa réappropriation par une

1. *Id.*

2. Judith Butler, *Le Pouvoir des mots. Politique du performatif*, trad. C. Nordmann et J. Vidal, Paris, Amsterdam, 2004, p. 41.

partie de la communauté homosexuelle à la fin des années 1980 a transformé l'humiliation en affirmation. Cette opération est dialectique dans la mesure où, en étant revendiquée par ceux qui la subissent, l'injure change de sens : elle se contredit comme injure pour devenir l'énoncé paradoxal d'une fierté. Lorsqu'un sujet se revendique *queer* (ou se réapproprie tout autre terme socialement dépréciatif), il n'avoue pas être ce que le discours socialement majoritaire dit qu'il est, il fait dire à ce discours l'inverse de ce qu'il veut dire. Cette fierté est paradoxale, car elle s'exprime dans des termes qui, normalement, humilient et rabaissent. Ce faisant, la « répétition insurrectionnelle » d'une injure mime le langage de la violence symbolique, mais pour le contredire. Elle exhibe dialectiquement la gloire sous la honte et la puissance sous la faiblesse.

Butler n'y insiste pas ici, mais ce genre de réappropriation dialectique produit du plaisir chez ceux qui y procèdent[1]. Nous examinerons dans un instant deux configurations de l'allégresse qui soulignent son caractère politiquement subversif : le rire et le jeu. Mais nous pouvons déjà noter que les opérations de « resignification » sont plaisantes dans la mesure où elles réalisent ces deux configurations.

D'une part, les sujets se rient et font rire des normes discursives qui, en temps normal, les maintiennent dans l'infériorité. Le rire naît de l'inversion du sens dépréciatif d'une injure en sens mélioratif,

1. Dans *Trouble dans le genre*, Butler parle du « rire subversif » provoqué par la parodie des normes de genre opérée par le *drag queen* (Paris, La Découverte, 2006, p. 273).

mais à l'intérieur d'un énoncé où le sens dépréciatif est conservé tout en étant dépassé (ce qui définit exactement l'opération dialectique de l'*Aufhebung* hégélienne). En effet, lorsque quelqu'un se dit *queer*, on entend encore l'injure, mais sur un mode qui se retourne contre ceux qui la profèrent. Il est toujours question de la bizarrerie d'une identité qui brouille la frontière entre les genres, mais c'est désormais au discours répressif qu'incombe la charge de la preuve : pourquoi cette bizarrerie devrait-elle être honteuse puisque l'on peut rire en la revendiquant ?

D'autre part, le renversement du stigmate fait avec les normes ce que les normes déclarent par principe impossible : il joue avec elles. Le propre d'une violence symbolique est de se donner pour naturelle afin d'inscrire la domination dans l'ordre immuable des choses. Le jeu avec les normes manifeste donc leur contingence : cela revient à créer un espace (de jeu) où les identités assignées se transforment en identités joyeuses. En se jouant de ce qui a besoin d'apparaître sérieux pour être efficace, les individus se placent dans un autre univers symbolique que celui qui les maintient dans un état de minorité.

Il faut se garder de surévaluer les effets de ces politiques du langage qui subvertissent sur un mode ironique les discours de la domination. Butler elle-même met en garde contre la tentation de confondre les relations de pouvoir avec un « univers de signes » où tous les individus seraient également libres d'exploiter les pouvoirs performatifs du langage. Pour rire des normes et jouer avec elles, des conditions sociales qui dépassent l'agilité dans l'usage des mots doivent être remplies. De même, la multiplication de stratégies discursives ne suffit pas à faire une politique dans la mesure où elle demeure à l'initiative des individus et n'implique pas nécessairement la remise en cause des institutions productrices de violence symbolique.

Il reste que cet exemple nous met sur la voie d'une articulation possible entre sensibilité aux violences et valorisation politique des plaisirs. Cette articulation est dialectique dans la mesure où elle repose sur le passage d'une négativité subie (la souffrance causée par l'injure) à une négativité agissante (le plaisir suscité par le retournement du stigmate). Le fait de reconnaître qu'il existe des victimes de la violence symbolique n'implique aucune position « victimaire » dès lors que ceux et celles qui subissent cette violence sont en mesure de la retourner contre elle-même. Dans l'opération de « resignification », le plaisir conserve la trace de la souffrance provoquée par l'injure. Par-là, la neutralisation joyeuse de la violence démontre que tous les plaisirs ne trahissent pas une adhésion béate à l'ordre établi. Pour reprendre l'image sur laquelle s'ouvrait ce chapitre, le plaisir suscité par ce genre de retour dialectique à l'envoyeur rappelle que la rose a des échardes.

RIRE : LA CONSCIENCE HEUREUSE ET LA CRITIQUE

La valorisation politique du plaisir ne devient intolérable que lorsqu'elle se fonde sur le déni pur et simple des violences passées et présentes. Nous avons déjà rencontré cet hédonisme dénué de mémoire et d'empathie qui incite le « réactionnaire bon vivant » à se moquer des violences qu'il ne subit pas. Et qui le porte à s'offusquer de voir que ceux qui les subissent ne partagent pas son indifférence satisfaite. Face à ce type de posture, la « mélancolie de gauche » mise en avant par Walter Benjamin aura toujours raison. Cet affect politique se fonde sur le refus de justifier les souffrances qui émaillent l'histoire au nom du progrès. En épousant le point de vue des vaincus, la mélancolie instaure la tristesse en puissance de protestation[1].

La mélancolie de gauche ne sépare pas la critique des sociétés inégalitaires d'une autocritique des moyens utilisés pour les transformer. Contre les usages dogmatiques de la dialectique qui, par le passé, furent ceux de nombreux mouvements progressistes, elle rappelle que les révolutions ont déployé une violence qui n'a pas été rachetée par l'édification d'une nouvelle société. Séjourner auprès des vaincus de l'histoire, faire le deuil d'espérances révolutionnaires abîmées, réactiver les promesses non tenues du passé, sont des

1. Voir Enzo Traverso, *Mélancolie de gauche. La force d'une tradition cachée*, Paris, La Découverte, 2016.

attitudes beaucoup plus nobles que l'adhésion naïvement hédoniste à l'ordre des choses. Contre les politiques de la réconciliation et de la résilience (« Un de perdu, dix de retrouvés »), ce genre de mélancolie prend la mesure de la perte. Elle se refuse aux plaisirs fondés sur l'oubli du tragique de l'histoire[1].

Pour autant, la mélancolie ne peut être le seul affect de la critique. Le souci de rendre justice aux vaincus n'interdit pas, par exemple, de rire de ce que les vainqueurs ont fait de leur victoire. Walter Benjamin n'est pas seulement le philosophe de la mélancolie de gauche, il est aussi le penseur de ce rire-là. À propos des descriptions proustiennes du snobisme, il remarque que l'attitude du snob est celle d'un être qui organise toute son existence autour de son point de vue de « consommateur ». En politique, dans le domaine des idées ou à propos de l'art, le snob est sans cesse à la recherche de l'expression qui montrera aux autres qu'il est au fait de la dernière pensée à la mode. Pourquoi cette admiration inconditionnelle pour tout ce qui est nouveau et cette imitation servile des comportements en vogue provoquent-elles le rire ? D'après Benjamin, la superficialité du snob devient comique lorsqu'on la compare à l'esprit de sérieux avec lequel la bourgeoisie a imposé ses valeurs. Involontairement, le snob révèle ce qu'il faut penser de la gravité de ces principes moraux (culte de la famille, ascèse sexuelle, honorabilité sociale, dignité du travail) : dans les salons mondains, ces principes

1. Nous avons tenté de rendre compte de la puissance politique du chagrin dans *Le Temps de la consolation* (Paris, Seuil, 2015).

s'abîment dans le bavardage. C'est pourquoi, à la table des Verdurin, « les prétentions [*au sérieux*] de la bourgeoisie éclatent sous les rires[1] ». Ces rires sont suscités par l'écart entre une idéologie et sa réalité : ils appartiennent donc de plein droit à la critique sociale.

De la même manière qu'il n'y a aucune raison d'assimiler tous les plaisirs à la société de consommation, il n'est nullement nécessaire d'abandonner le rire à la société du spectacle. Il est vrai que les médias conservateurs contemporains privilégient une forme de rire qui n'est pas seulement inoffensive pour l'ordre social, mais qui empêche les spectateurs de prendre la moindre distance avec les « valeurs » politiques dominantes. Sur les plateaux de télévision où se succèdent des éditorialistes qui vitupèrent contre les belles âmes de gauche, éclate aussi un rire de prosternation à l'égard des grandeurs d'établissement. Des cancres fiers de présenter leur inculture comme une preuve de bon sens y côtoient d'anciennes vedettes de télévision trop heureuses de rendre hommage aux magnats de la presse qui leur offrent une seconde vie. Les uns et les autres bénéficient du miracle de voir leurs pitreries s'inviter quotidiennement dans le salon de millions de Français : il ne faut donc pas s'étonner que leurs rires confirment les « valeurs » qui ont déjà cours et qui les rendent si populaires.

Ce genre de rire ne respecte rien, sauf l'éminemment respectable : le pouvoir et l'argent demeurent hors de son champ. Pour qu'un humour confirme les

1. Walter Benjamin, *Sur Proust*, trad. R. Kahn, Paris, Nous, 2015, p. 48.

valeurs sociales dominantes, il lui faut s'exercer aux dépens de ceux et celles qui ont l'outrecuidance de les remettre en cause.

Il serait injuste de dire que le rire de prosternation est toujours de droite. Il menace de s'imposer chez tous ceux qui bénéficient à un titre ou à un autre de l'idéologie en vogue. Les forts ayant rarement la ressource de rire d'eux-mêmes, ils s'amusent en général du sort des faibles. Quand la gauche française dominait plus ou moins le champ culturel, le « beauf » et le « bigot » figuraient au premier rang des personnages ridiculisés par les humoristes. Sans avoir complètement disparu, ces figures ont cédé la place à la féministe d'autant plus enragée qu'elle est frigide ou au droit-de-l'hommiste stupide au point de militer encore pour l'accueil des réfugiés. Ces changements dans la manière dont on personnifie le ridicule peuvent susciter de la mélancolie pour le comique d'avant. Mais elles peuvent aussi donner l'envie de rire d'un humour devenu médiatiquement majoritaire.

Rire des vainqueurs, c'est, d'une manière ou d'une autre, rire d'avoir été vaincu. En se moquant d'une idéologie devenue quasiment consensuelle, on se donne les moyens de relativiser la tristesse d'en être les victimes. Cette opportunité se présente avec une urgence particulière lorsque l'on a été vaincu dans les grandes largeurs, ce qui, depuis quelques décennies, est le cas de la gauche dans le domaine de la culture populaire.

Il a été question plus haut des dialogues de Michel Audiard et des raisons pour lesquelles la conscience progressiste contemporaine les apprécie rarement.

Derrière des répliques apparemment sexistes et xénophobes, perce pourtant un monde désormais englouti, peuplé d'ouvriers qui ne s'en laissent pas conter en matière de tolérance libérale et de malfrats en rébellion contre le confort bourgeois. Ce qui fait que ce monde était un monde, c'est précisément qu'il avait su forger une langue dont la crudité et l'inventivité faisaient pièce au bavardage des snobs. Aimer cette langue aujourd'hui n'implique pas de communier avec les préjugés qu'elle véhiculait. Car le fait de trouver du plaisir dans les dialogues d'Audiard ramène surtout à la mémoire (pour une fois, heureuse) d'un passé où l'identité sociale se manifestait dans les manières de parler et où, de ce fait, les appartenances de classe étaient reconnaissables à l'oreille. Le rire provoqué par ces réparties n'est pas un simple rire d'adhésion : il est indissociable de la tristesse de ne plus disposer d'une langue populaire qui tranche aussi brillement avec les codes du discours socialement « convenable ». Dans la mesure où cette tristesse s'exprime dans un éclat de rire, elle cesse d'être paralysante. Le rire provoqué par une langue disparue, mais qui a existé, console de cette perte. Dans le meilleur des cas, il fonde le désir d'inventer de nouveaux argots populaires.

Si la référence à Michel Audiard apparaît politiquement trop suspecte, que l'on pense à la première scène de *Joli mai*, où Chris Marker donne la parole à un vendeur de costumes d'une boutique parisienne qui évoque la dureté de sa vie : « Entre me faire engueuler par ma femme et me faire engueuler par mon patron, j'ai juste mon trajet en voiture pour être tranquille[1]. » En même temps qu'il se plaint de l'exploitation salariale dont il est l'objet, le vendeur assigne un genre aux réprimandes qu'il subit et avoue son appétence pour les trajets automobiles. Faut-il pour autant nier que cette phrase est drôle et qu'elle rend, par là-même, attachant celui qui la prononce ? Pour ne pas entendre cette drôlerie, il faudrait appliquer au passé une déontologie du discours et des soucis écologiques qui sont devenus les nôtres cinquante ans plus tard. Ce serait non seulement anachronique, mais, plus gravement, cela reviendrait à soumettre les manières de plaisanter (y compris celles qui viennent du passé) aux exigences d'une raison hypercritique.

Prise à la lettre, il est vrai que la déclaration du vendeur a un accent misogyne. En outre, elle reproduit les slogans publicitaires qui, dans les années 1960 comme aujourd'hui, promeuvent la liberté individuelle offerte par l'automobile. Pourtant, si on la saisit selon son esprit, ce qui arrive lorsqu'elle provoque le rire, cette phrase dit tout autre chose. Elle condense sur un mode presque surréaliste l'absurdité sociale d'une vie dont le seul refuge se situe au volant d'une voiture. Le rire qu'elle suscite chez celui qui l'entend provient de l'abîme entre le problème qui est posé (la tristesse d'une existence de vendeur) et la solution qui a été trouvée. Ce n'est pas de sa femme que le vendeur se plaint, mais de ne pas se sentir libre ailleurs que dans l'espace confiné de son automobile. En ce sens, le vendeur de *Joli mai* anticipe sur une économie des

1. Chris Marker, *Joli mai*, 1962.

plaisirs qui, cinquante ans plus tard, sera revendiquée par les Gilets jaunes.

Freud a établi que, par son absurdité même, le mot d'esprit provoque un « effet comique sur la raison critique[1] ». C'est seulement dans le cas où la raison (c'est-à-dire ici la censure du conscient) exerce une critique trop sourcilleuse, qu'elle interdit de rire d'une association de mots qui, parce qu'elle émane de l'inconscient, s'apparente à un non-sens. Mais la raison critique peut se laisser affecter par l'absurde sans renoncer à elle-même. Le plaisir lié au rire provient de ce que l'énergie psychique qu'un sujet consacre habituellement à inhiber certaines de ses pulsions, est subitement libérée sans trouver à s'investir ailleurs[2]. En termes marcusiens : le plaisir de rire d'un écart avec le sens attendu par la raison provient d'un relâchement de l'impératif de rendement qui, d'ordinaire, contraint le Moi à faire attention à tout ce qu'il dit et pense. Cette attention sourcilleuse est non seulement épuisante, mais il n'est pas sûr qu'elle soit critique, c'est-à-dire politiquement utile.

Une des histoires drôles favorites de Freud raconte qu'un condamné à mort que l'on mène à la potence un lundi déclare : « Eh bien, la semaine commence bien[3] ! » Parfaitement exacte du point de vue des faits, cette remarque est absurde en regard d'une vie qui n'accueillera aucun autre événement. Freud n'exploite

1. Sigmund Freud, *Le Mot d'esprit et son rapport à l'inconscient*, trad. D. Messier, Paris, Gallimard, « Folio », 1988, p. 360.

2. *Ibid.*, p. 284-286.

3. *Ibid.*, p. 400.

pas cette plaisanterie dans le sens d'une critique politique de la peine de mort, mais il insiste sur le fait que rire de ce bon mot implique de reconnaitre la « grandeur d'âme » d'un être capable de faire preuve d'humour dans des circonstances aussi tragiques pour lui. Dès lors, le rieur est pris dans une contradiction dialectique entre son admiration et le mépris social qui entoure en général les condamnés à mort. Il n'est pas interdit d'espérer que, par le rire qu'elle provoque, cette dialectique le prépare à revoir son jugement sur la légitimité de la peine capitale.

Plutôt qu'au plaisir (de rire), on a coutume d'assimiler le sujet critique à la conscience malheureuse. Qui, mieux que celui qui souffre d'une injustice, est en mesure de dénoncer l'organisation sociale qui rend cette injustice possible ? Ce rapprochement entre souffrance vécue et accession à un point de vue critique est légitime pour autant que la conscience malheureuse est, si l'on peut dire, consciente de son malheur. Dans une préface à un livre de Marcuse, Robert Castel remarque que, pour remettre en cause l'ordre social, il faut « être mécontent de son mécontentement », faute de quoi l'on ne s'arrogera jamais « la liberté de vouloir être heureux[1] ». Le malheur devient un principe de contestation, et non l'origine d'un ressentiment impuissant, lorsqu'il passe du rang de négativité subie à celui de négativité active. Pour que ce passage ait une chance de s'opérer, il faut que la conscience malheureuse possède, même d'une manière épisodique,

1. Robert Castel, « Préface », Herbert Marcuse, *Raison et Révolution*, Paris, Minuit, 1968, p. 34.

une expérience qui lui démontre que son malheur n'a rien de fatal. Dans la mesure où il est associé à un plaisir, le rire d'émancipation figure au premier rang de ce genre d'expériences.

Rien ne le montre mieux que le seul passage où Hegel (à qui la rhétorique conservatrice emprunte ses dénonciations des « consciences malheureuses » et des « belles âmes » de gauche) évoque la « conscience heureuse ». C'est précisément dans les pages de la *Phénoménologie de l'esprit* qui traitent de la comédie, que cette formule apparaît[1]. Hegel y montre comment la comédie antique transforme les mythes qui hantaient la tragédie en masques burlesques. En particulier, la croyance tragique dans un destin qui place les hommes à la merci de dieux méchants y fait l'objet d'un traitement humoristique. Après s'être cru victime du destin en assistant à une tragédie, le spectateur d'une comédie réalise qu'il est possible de vivre dans une « absence complète de terreur[2] ».

La terreur disparaît lorsque la conscience parvient à se moquer d'une idéologie qui, autrefois, l'empêchait d'agir. Loin d'être satisfaite d'elle-même et d'adhérer au monde tel qu'il existe, la conscience heureuse comprend (et cette compréhension est un soulagement joyeux) que ce qui la détournait du bonheur

1. G. W. F. Hegel, *Phénoménologie de l'esprit*, trad. J. Hyppolite, Paris, Aubier, 1941, vol. 2, p. 260. Sur ce point, voir l'étude très éclairante de Benoît Timmermans, « La conscience heureuse dans la *Phénoménologie de l'esprit* et son rayonnement dans l'œuvre de Hegel : rire, comédie, félicité », *Revue philosophique de Louvain*, 2010, 108-1, p. 31-52.

2. G. W. F. Hegel, *Phénoménologie de l'esprit*, *op. cit.* p. 257.

est contingent, et peut donc disparaître. Le rire de distanciation repose sur une négativité critique : dans la comédie, « la force du savoir dialectique livre les lois et les maximes déterminées de l'action au plaisir et à la légèreté de la jeunesse[1] ». Rire des « lois » qui jusqu'ici justifiaient l'acceptation du malheur, c'est déjà se mettre en état de vaincre ce malheur.

La dialectique qui, dans la comédie, mène à la conscience heureuse, est d'autant plus intéressante qu'elle incite aussi le rieur à rire de lui-même. À propos des citoyens assistant à une comédie, Hegel explique que leur rire repose sur « le contraste risible entre l'opinion qu'il [*le peuple*] a de lui-même et son existence, entre sa nécessité et sa contingence, entre son universalité et sa vulgarité[2] ». Le rire éclate lorsque le « contraste » entre l'image idéalisée qu'un peuple se fait de son identité et la réalité historique de l'existence de ce peuple devient perceptible.

Dans ce passage, Hegel pense à l'identité glorieuse d'Athènes ridiculisée à maintes reprises dans les comédies d'Aristophane. Mais son argument vaut aussi pour les identités malheureuses que l'on nomme aujourd'hui un peu trop facilement « victimaires ». Contrairement aux apparences, il n'est pas facile pour

1. *Ibid.*, p. 256.

2. *Ibid.*, p. 255 (trad. mod.). Par des moyens sociologiques, Laure Flandrin est parvenue à des conclusions similaires : « Ce qui nous constitue comme rieur, c'est moins la vanité souveraine que la fragilité de nos appartenances » (*Le Rire. Enquête sur la plus socialisée de toutes nos émotions*, Paris, La Découverte, 2021, p. 10). Cet ouvrage étant paru alors que la rédaction de cet ouvrage était en voie d'achèvement, il n'a malheureusement pas été possible de s'y référer davantage.

une conscience malheureuse de renoncer au tragique auquel elle s'était jusqu'alors rapportée comme à son essence. Un sujet rit sans difficulté lorsque le clivage entre une identité morale affichée et un comportement réel apparaît chez les autres, par exemple chez le snob qui revendique le sérieux de ses valeurs tout en s'adonnant à un bavardage superficiel. Il lui est beaucoup plus difficile, en revanche, de s'inclure dans ce rire.

L'apport inestimable de l'analyse hégélienne du rire est de montrer qu'un sujet se libère *d'un même mouvement* des croyances illusoires qui justifiaient son malheur et de sa certitude d'être condamné au statut de victime. L'avantage du rire tient précisément au fait qu'il est un plaisir : la déprise identitaire n'y est pas vécue comme une trahison, mais comme une libération. Cet aspect permet de dédramatiser bien des controverses au sujet des modalités contemporaines de la contestation politique. Hegel remarque ainsi que l'effet en retour de la conscience heureuse sur la conscience malheureuse consiste à désacraliser les monuments que la cité avait érigés à sa propre gloire : « Les statues sont maintenant des cadavres[1]. » Cette remarque prend une certaine actualité en raison de la vivacité des discussions sur la *cancel culture* et sur le désir prêté à la nouvelle gauche de déboulonner les statues de personnages historiques compromis dans le passé colonial de l'Europe. En associant la comédie à la disparition du sens symbolique des statues, le rire dialectique permet de situer ce genre de « débats » à leur juste place.

1. *Ibid.*, p. 261.

Qu'un État décide de déboulonner des statues parce qu'elles ne représentent plus l'idée qu'il se fait de lui-même, cela n'a rien de choquant, c'est même arrivé à maintes reprises. La *cancel culture* n'a épargné aucun camp idéologique : on ne saurait dire avec exactitude si, en France, on a débaptisé davantage de rues Robespierre ou de place Pétain. On ne voit donc pas pourquoi des citoyens s'interdiraient d'exiger que l'espace public cesse de glorifier un passé dont ils considèrent qu'il faudrait plutôt avoir honte. De là à faire du déboulonnage des statues une priorité politique, il y a un pas que le rire de la conscience heureuse invite à ne pas franchir. Si ces statues, les hommes qu'elles représentent et les politiques qu'ils symbolisent deviennent des « cadavres » dès que l'on rit d'eux, il vaut peut-être mieux les garder en l'état. On peut faire mille choses avec des statues, nul n'est condamné à l'alternative entre vénération et destruction. On peut, par exemple, rire du contraste entre la majesté des sculptures et l'indigence morale des personnages qu'ils mettent en scène. Ce plaisir démontre qu'aucune politique de l'injustice n'est gravée dans le marbre.

JOUER : LE SÉRIEUX SANS SON ESPRIT

Quand le désir de détruire un monument l'emporte malgré tout, il arrive que cela soit au nom d'une idée alternative du partage de l'espace public. Certains reprochent encore aux communards d'avoir abattu la colonne Vendôme qui, en plein centre de Paris, rappelait la gloire des victoires napoléoniennes. Or, ce n'est pas par rage que les insurgés ont accompli ce geste, pas même par ressentiment à l'égard de la glorification d'un passé autoritaire et belliciste dont leurs grands-parents avaient été les victimes. Les communards ont démoli la colonne Vendôme au nom d'une conception très précise du rapport entre l'expérience démocratique et le plaisir, en l'occurrence celui que les citoyens prennent à déambuler dans une ville.

Rédigé par Eugène Pottier (l'auteur de *L'Internationale*), le *Manifeste de la Fédération des artistes* appelle « luxe communal » le plaisir pour le superflu libéré de la fascination pour la hiérarchie et le monumental[1]. La formule « luxe communal » s'apparente à un oxymore, tant elle heurte l'idée que l'on se fait généralement du luxe : propriété exclusive de quelques-uns, le luxe ne semble pouvoir être partagé gratuitement que par l'exhibition de monuments nationaux livrés à l'admiration du peuple. La colonne Vendôme répondait à cette définition restrictive du luxe : un don fait par un gouvernement à ses citoyens, mais dont sa gloire est finalement le seul bénéficiaire. À l'inverse, le luxe communal promeut un partage égalitaire *effectif* des beautés architecturales. Rompant

1. « Le comité concourra à notre régénération, à l'inauguration du luxe communal, aux splendeurs de l'avenir et à la République universelle » (*Manifeste de la Fédération des artistes*, avril 1871, cité par Kristin Ross, *L'Imaginaire de la Commune*, Paris, La Fabrique, 2015, p. 51).

avec la croyance ascétique selon laquelle la seule chose que les prolétaires ont en commun est leur misère, il propose l'édification d'un « monde où chacun aurait sa part du meilleur[1] ».

La notion de luxe communal est étroitement liée aux mesures prises durant l'insurrection parisienne dans les domaines de l'éducation et des arts. Elle ne relève de l'utopie que si l'on applique ce mot à un imaginaire qui a fondé des institutions dont certaines ont fini par s'imposer. En effet, la Commune a rendu l'école obligatoire, gratuite et laïque avant la République. D'autre part, elle a promu une pédagogie fondée sur une formation « polytechnique » destinée à dépasser l'opposition entre travail manuel et travail intellectuel (fondation des premiers lycées professionnels). Dans les deux cas, il s'agissait d'offrir à tous les élèves une éduction « intégrale » qui associe apprentissage scolaire, formation professionnelle et initiation aux pratiques esthétiques. Nombre de Communards étaient disciples de Fourier : comme leur maître, ils espéraient que le plaisir pris à l'étude convaincrait les enfants, devenus producteurs, de refuser de se soumettre à des travaux qui ne soient pas « attrayants[2] ». Leur idée n'était pas de soustraire un temps au travail afin de le consacrer aux loisirs. Il s'agissait bien plus radicalement de faire du plaisir

1. Kristin Ross, *ibid.*, p. 81.

2. « Fourier qui voulait tout en fête / Sur l'école absurde et bâillant, / Sema de sa main de Prophète / Le grain de Travail attrayant. / L'institutrice intelligente / Associe étude et plaisir : / Venez à l'école attrayante, /Venez, enfants de l'avenir » (Eugène Pottier, cité par Kristin Ross, *ibid.*, p. 66).

l'élément affectif dans lequel un travail libre peut se réaliser.

L'apprentissage par le luxe ne devait pas s'arrêter avec l'enfance. À moins, ce qui est plus probable, que les Communards n'aient considéré que l'enfance devait se survivre dans la figure de l'artiste nouveau. À l'instar des projets éducatifs, il s'agissait de défaire l'opposition entre activités intellectuelles et artistiques, d'une part, et facultés manuelles, de l'autre. Le *Manifeste de la Fédération des artistes* énonce clairement que l'obstacle au partage égalitaire des plaisirs réside dans la division sociale du travail. Dans le domaine esthétique, cette division prend la figure de l'opposition entre les beaux-arts et les arts appliqués : aux artistes professionnels revient la création des objets luxueux, aux artisans, la fabrication des marchandises nécessaires à la vie quotidienne. Destiné à abolir cette hiérarchie, le luxe communal ne s'intéresse pas à la valeur de l'objet créé parce que cette « valeur », comme toutes les autres, ne peut jamais être fixée que par un marché. Ce luxe réside plutôt dans l'élargissement de l'activité artistique à la fabrication de tout objet.

Non moins que la « sculpture » ou la « peinture », les formes et les couleurs des « biens domestiques », la « disposition des champs pour le labour » ou « l'entretien des villes » entrent dans cette nouvelle acception du mot « art »[1]. Dès lors, le *Manifeste* préconise la création d'une association réunissant tous ceux dont l'activité contribue à rendre le monde plus beau : artistes et artisans d'abord, puis, de proche en proche,

1. *Ibid.*, p. 80.

l'ensemble des citoyens. Leur liberté de création devait être garantie par la suppression des commandes d'État en matière d'art au profit d'un système assurantiel fondé sur la coopération. Libéré des contraintes de l'esthétique officielle, c'est-à-dire de l'art ornemental mis au service d'une idée, le luxe communal abolit la différence entre le superflu et le nécessaire en intégrant le premier au second. Dans une société libre, l'art et le plaisir ne sont plus l'autre du travail, mais la modalité subjective de son accomplissement.

Ces réalisations en matière éducative et artistique ont été aussi éphémères que la Commune elle-même. Indépendamment des difficultés que n'aurait pas manqué de poser l'institutionnalisation d'un luxe égalitaire, ce dernier correspond à une exigence démocratique fondamentale : *l'abolition de la division de principe entre créateurs et spectateurs*. La colonne Vendôme incarnait (et incarne toujours puisqu'elle a été reconstruite) la différence entre des artistes reconnus par la puissance publique et des citoyens invités à admirer dans le talent des premiers la grandeur du second. Ce partage des rôles est à l'origine d'un si grand nombre de chefs-d'œuvre qu'il serait absurde de le remettre en cause. Mais le luxe communal rappelle que la différence entre artistes et spectateurs n'est pas le seul partage possible : le plaisir esthétique porte en lui une logique égalitaire bien plus radicale.

Nous avons souvent remarqué que l'expérience du plaisir possède un sens politique dans la mesure où elle fait prendre conscience à ceux qui la font qu'ils possèdent plus d'un seul corps. Une société ne devient pleinement démocratique que lorsqu'elle trouve les moyens d'institutionnaliser cette pluralité. C'est très exactement ce qu'a tenté de faire la Commune en remettant en cause les divisions sociales entre travail intellectuel et travail manuel, entre facultés artistiques et facultés de production, et, récapitulant toutes ces oppositions, entre créateurs et spectateurs.

D'où les artisans de la Commune auraient-ils su qu'ils possédaient plus d'un seul corps, donc qu'ils n'étaient pas condamnés aux travaux manuels que leur assignait la société industrielle, sinon des usages qu'ils faisaient déjà, dans un monde qui leur était particulièrement hostile, de leurs facultés artistiques ? Le luxe communal trouve son origine dans les expériences accumulées en matière esthétique par la classe ouvrière au cours du XIXe siècle. Jacques Rancière a reconstitué l'univers sensible qui entourait l'existence des prolétaires dans les années 1830 et dont les communards furent les héritiers[1]. Au coucher du soleil, alors que la fatigue semblait les contraindre à un sommeil réparateur, nombre de travailleurs saint-simoniens pratiquaient l'étude et les arts en même temps qu'ils s'adonnaient aux palabres dans des cafés. La nuit est propice à ces atmosphères ambiguës, où le sérieux le dispute au plaisir. La frontière entre ceux qui travaillent de leurs mains et ceux qui pensent y est moins étanche que durant le jour où la division du travail apparaît comme une condition de la survie. À la faveur de l'obscurité, l'opposition entre ceux qui sont condamnés à pratiquer un langage prosaïque et

1. Jacques Rancière, *La Nuit des prolétaires*, Paris, Fayard, « Pluriel », 2012.

ceux qui ont le talent requis pour s'offrir le luxe de la poésie est, elle aussi, dépassée[1]. Avant même que leurs revendications ne soient satisfaites, les nuits offraient donc l'opportunité aux prolétaires d'introduire des variations dans leurs vies plutôt que de demeurer les spectateurs passifs de leur misère.

Ici, le plaisir devient ludique : jeu avec les mots (le prolétaire poète), jeu avec la matière (l'artisan sculpteur), jeu avec les temporalités sociales (l'ouvrier noctambule). Les joueurs ne sont, ni de purs spectateurs, ni des créateurs souverains. Ils alternent entre ces diverses positions : ils prennent la main, la perdent, la reprennent à nouveau... Un jeu possède des règles, certes, mais celles-ci ont été librement consenties. Il n'est donc pas interdit aux joueurs de les modifier d'un commun accord. Surtout, le jeu réalise la rencontre, vécue comme un plaisir, entre nécessité et liberté. La grammaire, la matière et les rythmes du temps obéissent à des lois. Le poète, le sculpteur et le noctambule jouent avec ces nécessités de sorte qu'elles cessent d'être un obstacle à la liberté pour devenir l'élément où celle-ci se manifeste. Le luxe communal voulait permettre à tous d'acquérir les moyens de faire l'expérience heureuse d'une nécessité libre, et cela dans chaque domaine de l'existence. C'est pourquoi il a jeté les bases d'une « transformation du travail en jeu ».

Nous empruntons cette formule à Marcuse, qui, en explorant la dimension politique cachée des

1. Dessinateur sur étoffes et poète, Eugène Pottier est un bon exemple de ces prolétaires qui prouvaient par l'exemple que « plusieurs vies leur étaient dues » (*ibid.*, p. 9).

esthétiques de Kant et de Schiller, a fait du jeu un modèle pour saisir la puissance subversive d'Eros[1]. La transformation du travail en jeu est typique des mots d'ordre libertaires dont on prétend, avec le recul, que la naïveté préparait la récupération par le système économique. Jouer sur son lieu de travail ? Devenir un travailleur artiste ? La gouvernance d'entreprise fondée sur le bonheur et l'inventivité des salariés semble avoir réalisé ce que le luxe communal promettait. Depuis les années 1970, le nouveau management a mis en avant la créativité des salariés au sein de structures moins hiérarchisées et supposément favorables à une plus grande inventivité professionnelle. Une grande part de la « critique artiste » issue de 1968 accompagne ainsi la sortie d'un système fordiste devenu trop rigide pour garantir des gains substantiels de productivité[2]. S'il l'on voulait une preuve que ce genre de management fondé sur la « créativité » a déplacé les contraintes sans les diminuer, on la trouverait dans la comptabilité toujours plus alarmante des *burn out*. D'une nécessité imposée autoritairement par un supérieur hiérarchique, on est peut-être (du moins chez les cadres) passé à une nécessité intériorisée sous la forme d'une injonction à l'« agilité » permanente. Mais l'intériorisation d'une nécessité venue du dehors ne rend ni plus libre, ni plus heureux.

Faut-il en conclure que la référence au jeu, comme celle au plaisir en général, a perdu toute pertinence pour

1. Herbert Marcuse, *Éros et civilisation*, *op. cit.*, p. 153-172.
2. Luc Boltanski, Eve Chiapello, *Le Nouvel Esprit du capitalisme*, Paris, Gallimard, 1999.

une critique du travail aliéné ? Les stages « ludiques » organisés pour motiver les employés d'une entreprise à s'investir davantage dans leur travail n'ont aucun rapport avec le jeu, pour cette raison que l'essence de ce dernier est de libérer les participants de l'assujettissement à un but. La critique de la séparation entre le travail et le plaisir, qui remonte au moins à Schiller[1], peut, en effet, être entendue de deux façons diamétralement opposées.

La première consiste à faire du plaisir le moyen en vue d'une intensification du travail et d'une amélioration de sa productivité. Il ne s'agit pas de travailler par plaisir, mais de réserver à l'intérieur de la vie professionnelle des plages horaires destinées à la relaxation ou aux échanges exempts de hiérarchie, d'aménager des salles de sport ou des espaces conviviaux. Il est possible que, dans certains cas, ces dispositifs permettent aux salariés d'aller travailler avec plus d'entrain, ou du moins qu'ils rendent leurs efforts moins pénibles. Mais ce genre d'esthétisation de la vie professionnelle ne touche en rien au principe économique selon lequel le travail est la mesure et la fin de toutes les activités humaines.

Il n'est nullement exclu qu'un travail aliéné apporte un certain plaisir. Heureusement, le capitalisme

1. « Il y a eu séparation entre la jouissance et le travail, entre le moyen et la fin, entre l'effort et la récompense. L'homme qui [...] n'ayant éternellement dans l'oreille que le bruit monotone de la roue qu'il fait tourner, ne développe jamais l'harmonie de son être, et au lieu d'imprimer à sa nature la marque de l'humanité, il n'est plus qu'un reflet de sa profession » (Schiller, *Lettres sur l'éducation esthétique de l'homme*, Paris, Aubier, 1943, p. 107-108).

contemporain n'a pas aboli le goût pour l'ouvrage bien fait, même si les économies de service sont peu propices au « faire œuvre » qui permettait à l'artisan de reconnaître dans la marchandise le produit de ses facultés même s'il ne profitait pas de sa commercialisation[1]. Marcuse prend les exemples, qui apparaissent aujourd'hui un peu désuets, de la « dactylo qui tape une copie parfaite » et du « tailleur qui livre un costume allant parfaitement bien »[2]. Ici, le plaisir provient de l'adéquation entre le produit fini et sa représentation sous la forme d'un plan ou d'un modèle. Ce plaisir est limité car le travailleur ne prend aucune part à l'élaboration de cette représentation : il est satisfait d'avoir accompli une tâche ou rempli une commande dont l'initiative vient du dehors.

Il en va tout autrement lorsque le plaisir, loin de servir d'adjuvant au travail, confère à ce dernier la forme d'un jeu. Le propre du jeu est de ne pas avoir de fin en-dehors de lui-même. Ces règles sont immanentes à l'acte de jouer, alors que le but et les modalités du travail, dans le système capitaliste, sont prescrits par le principe de rendement. Cela est plus vrai encore lorsque le principe de rendement devient hégémonique au point que les loisirs eux-mêmes ont pour objectif de reconstituer l'énergie corporelle et psychique nécessaire à un travail productif.

1. De là, sans doute, le succès contemporain des émissions de télévision consacrées à la cuisine ou à la décoration d'intérieur. Il s'agit de retrouver le plaisir de « faire œuvre » (c'est-à-dire de matérialiser son activité dans un objet tangible) dès lors que ce plaisir tend à disparaître de la vie professionnelle.

2. Herbert Marcuse, *Éros et civilisation*, *op. cit.*, p. 191.

À l'inverse, envisager le travail comme un jeu, c'est lui assigner une fonction qu'il ne peut remplir que dans une société libérée du principe de rendement : un jeu est satisfaisant en lui-même, indépendamment de la valeur économique de ses résultats. Ce n'est pas le « contenu » qui fait qu'une activité est un travail plutôt qu'un jeu, mais son « but »[1]. Les artisans de la Commune, par exemple, n'ont jamais cessé de fabriquer des objets, mais, en se voyant reconnaître le statut d'artiste, ils ont acquis le droit de ne plus soumettre leurs productions à la loi de l'utilité économique. Travailler comme on joue donne le goût et le temps de faire bien dans un cadre social où la coopération l'emporte sur la concurrence. Un peu comme la vie sans directeur expérimentée par les mineurs de *Germinal* le dimanche, le travail ludique est une conquête sur la hiérarchie, étant entendu que celle-ci est fondée sur l'impératif du profit et la culture du résultat. Introduire le jeu dans le travail, c'est sans doute produire moins d'objets, mais pour en confectionner de plus beaux[2].

Même si ce genre de travail existe déjà à l'intérieur de nombreuses coopératives et d'associations, on peut douter de l'espérance de Marcuse selon laquelle « établi comme principe de civilisation, l'instinct de jeu transformerait littéralement la réalité[3] ». En attendant cette hypothétique transformation ludique du monde,

1. *Ibid.*, p. 187.

2. Frédéric Lordon nomme « communisme luxueux » cette reconquête de la beauté sur la logique capitaliste de la valeur (*Figures du communisme*, Paris, La Fabrique, 2021).

3. Herbert Marcuse, *ibid.*, p. 166.

certains programmes de gauche préfèrent réinvestir la revendication traditionnelle de la baisse du temps de travail. Plutôt que de modifier les conditions de leur activité professionnelle, il s'agit d'offrir aux salariés la possibilité de « jouer » (c'est-à-dire coopérer, étudier, s'adonner à l'art, etc.) en-dehors de leur activité professionnelle.

Quoi qu'il en soit de ce point, il faut insister sur le fait que rappeler le rapport entre travail et jeu ne nous situe nullement dans les parages d'une utopie dépassée de l'activité libre. Il se pourrait même que ce rapport n'ait jamais été aussi actuel. Le plaisir du travail bien fait (le contentement de la dactylo ou du tailleur évoqués plus haut) est une petite victoire sur la tristesse, bien qu'à la différence du travail ludique, il ne fasse pas signe vers une organisation sociale finalisée par le principe de plaisir plutôt que par le principe de rendement. Or, ce genre de satisfactions est devenu rare dans les sociétés capitalistes dites avancées (c'est-à-dire technologiques et financiarisées). Avec raison, les métiers de « première ligne » ont été mis en avant au cours des confinements récents. On a comparé l'utilité sociale des infirmières, des caissières ou des enseignants, à la vacuité de métiers faits de tâches inutiles et vides de sens, dont le caractère inessentiel n'est jamais aussi visible que dans les périodes de crise[1]. Mais nombre de ces travailleurs socialement indispensables (et généralement mal payés) se plaignent de ployer sous des impératifs budgétaires et une gestion

1. Parmi une littérature pléthorique, voir de David Graeber, *Bullshit jobs*, Paris, Les Liens qui libèrent, 2018.

bureaucratique qui les empêche de trouver la moindre satisfaction dans le respect des consignes. Sans même espérer transformer leur travail en jeu, ils déplorent de ne plus pouvoir travailler correctement.

À juste titre, la critique sociale insiste sur les souffrances qui découlent de cette multiplication des normes, qui finit par rendre impossible l'accomplissement de la moindre tâche. Parmi les stratégies que les salariés déploient pour faire face à cette somme de contraintes, il en est pourtant une qui se situe à la limite de la souffrance et du jeu : la ruse. Lorsqu'elle devient une nécessité permanente, la ruse est sans aucun doute épuisante. Elle consiste néanmoins à jouer avec les règles économiques pour les détourner de leurs finalités. Ruse des piratages qui permettent de remplir les tableaux Excel en un rien de temps, ruse de la contemplation d'œuvres d'art sur son ordinateur au cours d'une réunion soporifique, ruse de tromper son chef sur le nombre effectif de ses heures de présence : on n'en finirait pas de dresser la liste de toutes les manigances qui permettent aux salariés d'échapper si peu que ce soit à l'absurdie. Il y a un plaisir à voir réussir les ruses destinées à se soustraire à des normes de travail que même la loi de la plus-value échoue à rendre rationnelles. Le salarié gagne en faisant semblant de jouer le jeu de sa hiérarchie. En réalité, il joue un autre jeu, moins pénible et plus intelligent.

Il est vrai qu'à la différence du luxe communal, la généralisation de la ruse est loin de promettre une transformation du travail. Pour autant qu'elle désigne un jeu qui implique la complicité d'autres collègues, la ruse permet néanmoins aux individus de ne pas demeurer spectateurs de leur vie professionnelle. Comme tout jeu, la ruse ne supprime pas le sérieux (ici, le sérieux du travail), elle abolit l'esprit de sérieux. De ce point de vue, elle contribue déjà à miner la gravité qui entoure la « valeur travail » dans les sociétés capitalistes.

Cette valeur est brandie aujourd'hui avec d'autant plus de sérieux qu'un nombre grandissant de travailleurs a cessé d'y croire, excepté pour ce qui concerne leur salaire. Ici aussi, il n'est pas interdit de rire en comparant les apologies du concept abstrait de travail aux ruses inventées par nombre de salariés pour redonner un sens à leur vie professionnelle. Lorsqu'elles réussissent, ces ruses apportent un plaisir qui éloigne concrètement les travailleurs de la mythologie économique du travail. La gauche pourrait s'inspirer de ces expériences pour réinvestir l'idéal d'une société où la liberté du jeu l'emporterait sur la nécessité du labeur.

AMBIVALENCE ET DIALECTIQUE

La rose a des échardes, notions-nous à propos de l'emblème adopté naguère par le Parti socialiste. En effet, le rire et le jeu montrent que le plaisir est un sentiment qui, loin d'être vécu passivement, résulte d'une activité. Rire d'une idéologie ou jouer avec des règles ne désignent pas seulement des réactions de compensation face à ce qui est perçu comme oppressant. Ce sont plutôt des pratiques qui, précisément parce qu'elles sont plaisantes, apparaissent plus rationnelles que l'acceptation morose de normes et de routines socialement valorisées. Les plaisirs arrachés à la tristesse sociale relèvent d'une négativité heureuse. Rire de ce qui exige d'être révéré, jouer avec l'esprit de sérieux du travail, ce sont des manières de dire non à l'ordre établi tout en manifestant une indépendance relative par rapport à ses « valeurs ». Ce genre de plaisirs est dialectique parce qu'en faisant paraître concrètement les contradictions internes à une idéologie, il introduit du désordre dans l'ordre[1].

De la perception joyeuse du désordre à l'édification d'un ordre alternatif fondé sur davantage de justice, il y a un pas que la multiplication des plaisirs ne permet pas, à elle seule, de franchir. Un programme fondé sur le plaisir aurait le mérite de proposer une approche originale pour réconcilier les citoyens et la politique. Mais il se heurterait assez rapidement au scepticisme devant une notion (le plaisir) à laquelle les individus associent trop d'expériences diverses pour qu'elle puisse unifier un projet collectif. C'est pourquoi le plaisir n'a pas été présenté ici comme

1. Nul mieux que Bertolt Brecht n'a saisi ce caractère humoristique et ludique de la dialectique, y compris chez son représentant le plus sérieux : « Les concepts chez Hegel se balancent comme sur un fauteuil à bascule, ce qui donne au départ une impression assez confortable, jusqu'à ce qu'ils en tombent. [...] Hegel avait un tel sens de l'humour qu'il ne pouvait pas penser à l'ordre sans penser au désordre. [...] Je n'ai encore jamais rencontré quelqu'un dépourvu d'humour qui ait compris sa dialectique » : cité par Benoît Timmermans, « La conscience heureuse dans la *Phénoménologie de l'esprit...* », art. cité, p. 46.

un principe comparable à la liberté ou à la justice : on peut tenter de définir ces dernières de manière univoque pour qu'elles servent de fondements à une théorie de la société. Avec le plaisir, il ne s'agit pas d'un principe, mais d'une ressource subjective indispensable à la volonté de transformation. Saisi comme une activité, il inscrit dans les corps un écart avec des normes qui se présentent comme des évidences, qu'il s'agisse des certitudes identitaires ou des « savoirs » relatifs aux finalités économiques de la vie.

Le type d'émancipation que nous avons tenté de décrire à propos du jeu et du rire se retrouve, en droit, dans tous les plaisirs. Ainsi, un mot d'ordre de 1968 exprime avec humour le rapport entre sexualité et engagement politique : « Plus je fais l'amour, plus j'ai envie de faire la révolution ; plus je fais la révolution, plus j'ai envie de faire l'amour. » Ce slogan ne réclame pas de droits : les revendications en matière de liberté sexuelle ne viennent que dans un second temps, une fois que les individus ont découvert des jouissances qu'ils n'imaginaient pas avant de les vivre. Encore une fois, c'est l'événement (faire l'amour ou faire la révolution) qui fixe son cadre à la représentation (imaginer des amours plus libres ou une société plus égalitaire), et non l'inverse. En découvrant d'autres usages de leurs corps que ceux qui leur étaient prescrits par leurs parents ou par la société, les étudiants de 1968 ont compris qu'ils pouvaient revendiquer davantage qu'un seul corps. Sur ce point, ils ont été partiellement rejoints par les ouvriers qui, durant ce mois de mai, ont occupé leurs usines pour y faire autre chose que travailler.

La distance qui nous sépare de l'hédonisme progressiste des années 1960 est-elle devenue insurmontable ? Il a été question plus haut de la sensibilité accrue aux violences manifestée par les sociétés contemporaines. Cette attention s'exerce aussi à propos de ce qui est traditionnellement présenté comme « plaisir » et qui repose en fait sur des logiques de domination. L'apparition de #MeToo est le signe le plus visible de cette politisation des conduites sexuelles à partir des violences qu'elles génèrent dans des sociétés marquées par le patriarcat et où le pouvoir économico-politique demeure majoritairement l'apanage des hommes. Rendue publique, la parole des femmes victimes de violences a révélé un ensemble de comportements qui, du harcèlement au viol, instituent le plaisir masculin en justification de la souffrance. En regard du caractère massif de comportements qui relèvent de la prédation sexuelle, la complémentarité joyeuse affichée en 1968 entre « faire l'amour » et « faire la révolution » apparaît, au minimum, naïve. La rose a des échardes, certes, mais pas seulement au sens où le plaisir égratigne l'ordre social. Il arrive au moins aussi souvent que la jouissance des uns blesse le corps des autres.

Nous avons vu que ceux qui assimilent l'entrée dans l'espace public de la parole des femmes avec une forme de terreur inquisitoriale confondent le plaisir avec leur propriété, ce qui les porte inévitablement à conclure que la jouissance disparaît à partir du moment où elle est partagée de manière égalitaire. Leurs discours font mine de reprendre les mots d'ordre (même ceux forgés en 1968) qui associent plaisir et liberté, mais c'est pour mieux réduire au silence les dénonciations contemporaines de la violence sexuelle. Il n'y a pas grand-chose à répondre à cette hypocrisie qui consiste à ignorer les violences qui sont faites aux femmes au prétexte qu'elles feraient intrinsèquement partie de la « séduction » et des échanges sexuels. Il n'est que trop clair que le plaisir que l'on entend ici sauver de la tyrannie morale des mouvements féministes n'est que la reconduction à l'identique du pouvoir d'un sexe sur l'autre, surtout lorsque ce pouvoir se double de privilèges économiques.

Il importe en revanche de contester aux éternels adversaires de l'égalité entre les sexes, qui trouvent une aubaine dans certains excès du phénomène #MeToo, leur prétention à se présenter comme les derniers défenseurs de l'hédonisme. Pour cela, il peut être utile de repérer sous les dénonciations des violences sexuelles des aspirations à une sensualité qui serait vécue dans le respect du corps des femmes. La dimension dialectique du plaisir met sur la voie d'une telle reconnaissance.

C'est d'abord le refus de se soumettre au « non » des femmes qui explique l'usage que certains hommes font de la violence ou de l'intimidation pour parvenir à leurs fins. Nombre de témoignages démontrent aussi la difficulté de dire « non » éprouvée par les femmes qui ont intériorisé l'impératif patriarcal leur enjoignant de mettre leur corps à la disposition des hommes. On touche par là à une dimension centrale de #MeToo et des dispositifs de paroles similaires : donner une seconde chance au « non » qui n'a pas osé se dire sur le moment. La différence entre le temps judiciaire borné par la prescription et le temps beaucoup plus long de la révélation sur les réseaux sociaux d'une violence subie, pose le problème de l'établissement des faits par d'autres voies que celles de la justice. Mais elle s'explique d'abord parce que le sentiment d'avoir été victime d'une violence sexuelle illégale est lui-même différé, ou que le droit de dire cette violence sans honte n'est acquis que des années après les faits. Dans un contexte où la loi n'offre plus d'issue juridique, les femmes concernées font en quelque sorte appel de leur refus qui, soit n'a pas été respecté, soit n'est pas parvenu à se dire.

Politiquement, l'expression publique de ces paroles rappelle l'obligation pour les hommes de respecter ce « non », même quand il n'est pas proféré explicitement, mais que quantité de signes corporels ou de silences ostensiblement gênés le manifestent. Ces paroles sont aussi une invitation à imaginer des dispositifs sociaux, juridiques ou éducatifs qui arment les femmes du pouvoir de dire « non » avant que la relation sexuelle ne débute, et aussi pendant qu'elle a lieu. Le refus n'est pas une capacité linguistique égalitairement distribuée : un apprentissage est nécessaire afin qu'il soit prononcé sans peur, ni honte. Pour parvenir à répondre par la négative à ce que l'autre présente comme un plaisir, il faut d'abord avoir l'assurance de ne pas être seul(e) à revendiquer un droit au refus. En attendant que les institutions garantissent ce droit et qu'une politique sociale plus égalitaire permette aux femmes de l'exercer pleinement, l'apparition de #MeToo a au moins permis de briser la solitude de celles qui n'ont pas osé dire qu'elles ne désiraient pas.

Cet apprentissage du refus en matière sexuelle est-il contradictoire avec la valorisation politique du plaisir ? Le prétendre serait oublier que l'impératif « *No means no* » est précédé par la formule « *Yes means yes* ». Sauf à être aveugle à toute dialectique, on ne peut conclure de la dénonciation des violences sexuelles dont les femmes sont victimes au fait que la sexualité elle-même est condamnée à la violence. Si trop de femmes vivent dans la peur de dire « non », Audre Lorde a également raison de rappeler, dans son éloge féministe de la sensualité, que les femmes « ont été éduquées dans la crainte du oui en elles[1] ». Les mêmes causes expliquent la difficulté de refuser de se soumettre au désir de l'autre lorsque cet autre est puissant et la crainte d'affirmer son propre désir lorsque l'on est maintenu dans un état de minorité. Ici et là, dans les « non » comme dans les « oui » qui ne parviennent pas à se dire, on trouve la même assignation sociale à ne posséder qu'un seul corps. Un corps « fait » pour s'offrir aux hommes ou un corps destiné à l'ascèse : c'est toujours un unique corps dont aucun plaisir ne viendra troubler la solitude désespérée.

On peut donc aborder #MeToo à l'intérieur d'une dialectique où la force de dire « non » à la violence est intimement liée à l'exigence de dire « oui » au plaisir. Dans le domaine de la sexualité plus qu'ailleurs, ces plaisirs sont à inventer puisque le sexe désigne l'usage des corps le plus exposé à l'exercice arbitraire de la force. C'est dans ce registre que la désublimation répressive a fait le plus de ravages,

1. Audre Lorde, « L'érotisme comme puissance », *loc. cit.*, p. 55.

puisqu'elle a contribué à identifier la libération des pulsions avec l'exercice d'une domination sans frein. Les rôles dégradants assignés aux femmes dans la plupart des productions pornographiques démontrent que la levée des tabous ne suffit pas à mettre un terme à la suprématie du principe de rendement. Tout au plus permet-elle de prendre la mesure de la sauvagerie qu'il peut engendrer.

Il reste que la dénonciation de violences spécifiquement sexuelles suppose non seulement un imaginaire de la sexualité heureuse, mais des pratiques qui s'en rapprochent. La dialectique entre violence et plaisir se vérifie dans le fait que c'est souvent par comparaison avec des expériences érotiques marquées par la liberté, que des individus prennent conscience d'avoir subi des actes arbitraires. Ici aussi, il ne faut pas tout accorder à la représentation en considérant que si le désir des femmes trouve enfin à se dire, c'est seulement parce que l'idée de l'égalité entre les sexes a gagné du terrain dans les esprits. L'événement d'un plaisir sexuel qui s'accroît d'être partagé, par exemple sous la forme d'un jeu agrémenté par des rires, permet, lui aussi, de faire la différence entre le désirable et l'intolérable.

Contre toute attente, on peut dire des protestations contemporaines contre les violences sexuelles ce que Marcuse disait des étudiants libidineux de 1968 : « Nous savons (et ils savent) que la situation n'est pas révolutionnaire, ni même prérévolutionnaire. Mais cette situation est si horrible, si étouffante et si dégradante, que la rébellion contre elle contraint à une réaction biologique, physiologique : on ne peut plus le tolérer, on étouffe et il faut se donner de l'air[1]. » Cette déclaration permet de nuancer les poncifs sur le romantisme politique des années 1960 qui aurait placé des espérances révolutionnaires naïves dans la libération sexuelle. Appliquée à la situation actuelle, elle remet aussi en cause l'idée selon laquelle #MeToo, mais aussi la crise climatique, les conséquences sanitaires d'une alimentation déséquilibrée, le triomphe de la société de consommation et l'épuisement du potentiel subversif des drogues ont mis un terme définitif à la carrière politique du concept de plaisir.

Même les contestataires de 1968 sont entrés en scène parce qu'ils n'en pouvaient plus. Ils n'ont pas attendu de leurs gouvernements qu'ils leur donnent l'autorisation, puis les moyens, de jouir sans entraves. Ils se sont plutôt donnés à eux-mêmes « de l'air », réagissant à des contraintes qui leur apparaissaient subitement intolérables. Jusque-là, leur protestation ne diffère pas de celle des militants qui, aujourd'hui, s'emparent des moyens qui sont à leur disposition pour faire paraître des violences trop longtemps invisibles ou dénoncer des systèmes de prédation qui rendent, parfois de manière littérale, la vie invivable. Quel que soit son objet, la protestation trouve son origine dans un « non » qui parvient enfin à se dire.

Le seul avantage des étudiants de 1968 est qu'ils avaient sans doute une idée plus claire que la nôtre de la liberté au nom de laquelle ils protestaient. Les

1. Herbert Marcuse, « Lettre à Theodor W. Adorno du 5 avril 1969 », cité par Rolf Wiggershaus dans *L'École de Francfort. Histoire, développement, signification*, Paris, Puf, 1993, p. 615.

rires qui résonnaient de leurs manifestations indiquent qu'il leur semblait facile d'articuler leurs refus à leurs affirmations et de revendiquer l'ambivalence du plaisir dans une société démocratique. Leur combat a pris la forme d'une libération de la parole sur le sexe, mais aussi d'une série d'expérimentations érotiques qui démontraient qu'il était possible, sans attendre, d'échapper au partage patriarcal des rôles, à la grisaille quotidienne et à un consumérisme sans joie. Qu'ils aient vécu à une époque de relative prospérité où la finitude des ressources naturelles ne préoccupait qu'une avant-garde particulièrement lucide, n'explique pas tout. Les mouvements de 1968 ont été le fait d'une génération qui n'ignorait rien du tragique de l'histoire : les violences perpétrées pendant la Seconde Guerre mondiale et les guerres de décolonisation étaient au cœur de leurs protestations.

Les contestataires de cette époque avaient donc déjà rompu avec le dogmatisme dialectique qui justifiait les souffrances du passé par les bienfaits du présent. Mais l'humour de leurs slogans et l'érotisme qui accompagnait leurs luttes démontrent qu'ils n'avaient pas abandonné toute forme de dialectique. En décidant de « se donner de l'air », ils ont fait paraître des plaisirs d'autant plus subversifs qu'ils s'opposaient à l'organisation sociale de la tristesse. De ce point de vue, leur geste ressemble à celui des ouvriers de 1936 occupant les usines pour mettre « un peu de chaleur sur tout ce métal[1] ».

1. Voir l'avant-propos de ce livre sur la description par Simone Weil de ces occupations d'usines.

Les circonstances historiques modifient les pratiques qui associent avec le plus de bonheur plaisir et contestation. On peut les réaliser dans l'excès ou dans la retenue, avec ostentation ou discrètement, dans l'insouciance ou sans perdre de vue la gravité de l'heure. Mais, aujourd'hui comme hier, il revient à la gauche de valoriser les gestes qui confèrent une assise sensible aux idéaux de justice.

Épilogue

Alors, quoi ? Des fêtes ? Pour renouer avec l'amour de l'égalité, suffira-t-il d'en organiser de nouvelles, un peu moins officielles, si possible gratuites, en tout cas libérées du regard inquisiteur des physionomistes ?

Rousseau a montré en quel sens une fête pouvait devenir une expérience politique : « Plantez au milieu d'une place un piquet couronné de fleurs, rassemblez-y le peuple, et vous aurez une fête. Faites mieux encore : donnez les spectateurs en spectacle ; rendez-les acteurs eux-mêmes[1]. » Dans ce qu'il appelle « République », c'est-à-dire une forme d'État fondée sur l'égale liberté des citoyens, les fêtes se font, on ne les fait pas. Elles échappent à l'organisation dans la mesure exacte où elles se soustraient à la logique de la représentation (Rousseau oppose les fêtes populaires au théâtre). Une fête démocratique est un événement d'autant plus imprévisible que la séparation entre la scène et la salle, c'est-à-dire entre les acteurs et les spectateurs, laisse place à un partage des rôles où rien n'est décidé

1. Jean-Jacques Rousseau, *Lettre à d'Alembert sur les spectacles*, Paris, GF-Flammarion, 2003, p. 182.

d'avance. Le plaisir que l'on y expérimente est politique parce qu'il repose sur la suspension, même éphémère, du désir de se distinguer. Libérée de l'amour propre, l'égalité festive est, pour une fois, une égalité heureuse.

Certes, dira-t-on, mais des fêtes, il y en a eu beaucoup, et cela n'a pas réconcilié les citoyens avec le désir de rendre la société plus égalitaire. Les périodes de confinement ont remis au goût du jour des agapes improvisées, voire clandestines. Toute considération sanitaire mise à part, ce genre de rassemblement a au moins le mérite de rappeler que la fête véritable demeure étrangère au principe de rendement : les procédures qui visent à la rendre lucrative la gâchent. Mais ces petites victoires conquises contre la tristesse du quotidien suffisent-elles à dessiner un avenir ? Pour nombre d'esprits contestataires, le plaisir qualifie des expériences qui se compromettent trop facilement avec la logique économique pour devenir un motif d'engagement sérieux.

C'est un fait : les néolibéraux et les réactionnaires recherchent eux aussi leur plaisir. Compte tenu de la position sociale généralement associée à ces options politiques, ils ont souvent davantage que les autres les moyens de satisfaire leurs désirs dans un univers qui monnaie la plupart des agréments. Pour autant qu'elle désire encore réduire de manière significative les inégalités économiques, la gauche a donc tendance à privilégier des principes plus discriminants : justice sociale, autonomie, coopération, etc. Ces principes ne sont pas solubles dans n'importe quel programme : bien plus que l'hédonisme, ils paraissent susceptibles de faire la différence.

Ce livre a voulu montrer que, s'il n'a pas le tranchant d'un principe rationnel, le plaisir constitue néanmoins une émotion sans laquelle un discours politique perd toute chance de rejoindre le réel. À moins que ce discours n'épouse une aspiration aussi pulsionnelle qu'Éros, mais beaucoup moins égalitaire : le désir d'ordre.

Il ne suffit pas de rappeler que « la révolution n'est pas un dîner de gala » pour se tenir quitte d'une réflexion sur les mœurs qui, après la révolution ou au terme de réformes véritablement progressistes, auront libre cours dans la société. Or, les plaisirs partagés ont cet avantage sur les imaginaires de l'égalité qu'ils n'attendent ni la révolution, ni les réformes pour exister. C'est par là que les fêtes désorganisées, mais aussi les amours indifférentes aux frontières entre classes sociales, les bistrots improvisés sur les ronds-points, les poèmes écrits par les ouvriers ou les ruses gagnantes pour déjouer les absurdités managériales manifestent leur sens politique. Grandes ou petites, ces joies démontrent que tout, dans la société de consommation, n'est pas consommation. Reconnaître que les promesses qui portent sur d'autres équilibres du pouvoir ou sur une autre répartition des richesses s'anticipent dans des expériences sensibles présentes est le meilleur moyen de convaincre que ces promesses ont une chance d'être tenues dans l'avenir.

Sur ce point, il faut donner raison à Foucault : « "Nous devons libérer notre désir", disent-ils. Non ! Nous devons créer des plaisirs nouveaux. Alors peut-être le désir suivra-t-il[1]. » Des plaisirs nouveaux, du

1. Michel Foucault, dans « Michel Foucault, une interview : sexe, pouvoir et la politique de l'identité », *Dits et écrits*, tome 4,

moins des plaisirs inventifs, gratuits et ludiques, ne satisfont pas des désirs qui les précèdent : ils suscitent des désirs que ceux qui en font l'expérience n'auraient pas imaginé pouvoir revendiquer un jour. Nous avons rencontré plusieurs expressions de ces plaisirs que l'on peut bien dire « purs » puisqu'ils ne dépendent pas de la satisfaction de désirs anciens : la joie des ouvrières qui dansent pour la première fois dans leurs usines, le « luxe communal » des artisans devenus artistes, mais aussi, plus proches de nous, le plaisir des femmes qui prennent l'initiative de redéfinir le mot « orgasme », la découverte de rapports avec la nature libérés de la prédation, les péages d'autoroutes transformés en agoras festives où il est autorisé de boire et de fumer.

Du point de vue politique, on peut s'épargner la peine d'établir une hiérarchie entre ces plaisirs. D'abord, parce que les gens le font bien tout seuls, en fonction de leurs appétences naturelles ou de leurs origines sociales. Ensuite et surtout, parce que cela reviendrait à retomber dans la logique de la représentation où la valeur d'un désir décide de celle du plaisir qui le satisfait. Politiquement, on devrait plutôt reconnaître que des plaisirs si divers ont pour

---

op. cit., p. 738. Le problème vient de ce que cette invitation à forger une « autre économie des corps et des plaisirs » est difficilement compatible avec la thèse selon laquelle le pouvoir, cessant d'être répressif pour devenir sensuel, « pénètre et contrôle le plaisir quotidien » (*La Volonté de savoir*, *op. cit.*, p. 19). D'où une contradiction dont de nombreux discours progressistes contemporains ne parviennent pas à sortir : comment miser politiquement sur les plaisirs si l'on admet au préalable qu'ils ne font que reproduire l'ordre social ?

point commun de révéler des facultés que ceux qui les éprouvent possédaient sans le savoir.

Dans ce livre, nous avons exprimé cette idée en parlant du fait, et non pas seulement du droit, d'avoir plus d'un seul corps. Ce fait est un démenti concret au principe libéral qui veut qu'« un individu est égal à un unique corps » et que le sujet, en raison de la division sociale du travail, n'exprime sa liberté qu'en choisissant l'activité corporelle qui lui assure une subsistance. C'est déjà contre ce principe que réagit Rousseau dans son apologie de la fête égalitaire. Lors de rassemblements improvisés, explique-t-il, des paysannes harassées par leur travail diurne découvrent, la nuit tombée, que leurs corps possèdent aussi la faculté de danser, de rire ou d'aimer.

La valorisation du fait d'avoir plus d'un seul corps, c'est-à-dire de ne plus attendre de sa seule force de travail qu'elle paie ses jouissances, sépare une approche libertaire des mœurs d'une approche seulement libérale. La posture libérale-libertaire ignore qu'il y a des conditions aux libertés dites « sociétales » et que ces conditions sont sociales. Pour s'en convaincre, il suffit pourtant d'expérimenter des plaisirs dont l'idéologie individualiste ou la répartition inégalitaire des richesses décrétaient l'impossibilité. Il n'y a plus, alors, le « social » d'un côté, avec ses doctrines austères, et le « sociétal » de l'autre, où il est encore possible d'espérer quelques progrès. Il y a des émotions joyeuses, conquises à la marge de la société et qui appellent sa transformation.

*

Depuis quelques années, la gauche française se désole d'avoir perdu l'« hégémonie culturelle » qu'elle possédait autrefois dans l'opinion publique. Il est vrai qu'au début des années 1980, des idéologues de droite ont revisité ce concept forgé par le théoricien marxiste Antonio Gramsci pour livrer leur combat sur le terrain des « valeurs ». Tout indique qu'ils sont parvenus à leur but, mais faut-il s'en étonner ?

L'hégémonie culturelle telle qu'il en est question dans le débat politique contemporain désigne un ensemble d'idées ou d'automatismes de pensée devenus majoritaires à force d'être ressassés. Elle se conquiert donc au niveau des représentations. À ce jeu, les idées les plus simples ou (en apparence) les plus évidentes l'emportent à coup sûr : l'identité est une représentation plus aisément figurable que la diversité, surtout quand elle a pour elle l'imagerie de l'unité nationale. Il en va de même des idées de concurrence et d'ordre qui, comparées à celles d'égalité et d'indétermination démocratique, ont l'avantage de renvoyer à des expériences communes. En se plaçant sur le terrain de l'hégémonie culturelle et des « valeurs », la gauche entre dans une impasse. Elle se condamne, soit à réinvestir des idées simples promues par l'idéologie conservatrice (tentation identitaire), soit à se scandaliser d'avoir perdu le combat des idées où elle prétend à un avantage de droit naturel (supplique d'Harpagon : « Rendez-moi ma cassette ! »).

Or, il n'est pas sûr que les plus grandes défaites de la gauche contemporaine aient eu lieu dans le domaine des idées, encore moins sur le terrain miné des « valeurs ». Les représentations associées à la gauche continuent d'être plébiscitées : comment en irait-il autrement dès lors que la moindre mesure de justice sociale profite à la majorité des citoyens ? Si la gauche apparaît dépassée, anachronique et, pour tout dire, ringarde aux yeux de tant d'électeurs, ce n'est pas parce qu'elle a perdu une hégémonie culturelle dont il n'est, du reste, pas du tout sûr qu'elle l'ait jamais possédée. Les projets de gauche ne sont pas faibles, aujourd'hui, en raison des imaginaires qu'ils véhiculent, mais parce que ces imaginaires ne trouvent plus les moyens de rejoindre le réel, en particulier le réel sensible.

Au cours du XXe siècle, le « réel » d'une bonne partie de la gauche révolutionnaire était assuré par l'existence de régimes où, prétendait-on, la chaîne historique du capitalisme avait été brisée pour la première fois. L'argument de nombreux militants était que la société devenue réelle là-bas (dans les pays socialistes) était, de ce simple fait, possible ici. On sait désormais ce qu'il faut penser de ce genre de dialectique de l'histoire qui impliquait de repeindre la vie dans les pays de l'Est en paradis pour mieux convaincre que l'enfer capitaliste était condamné à sa perte. Il n'en demeure pas moins que, fallacieux quant à son contenu, cet argument était pertinent dans sa forme. Comment persuader qu'une autre société est possible si elle ne s'ébauche pas d'ores et déjà en quelques endroits du monde ?

Ce n'est pas un hasard si, en plus du mépris systématique des droits de l'homme qui y était pratiqué et d'une économie moribonde, la tristesse qui régnait dans les pays dits socialistes a fini par anéantir leur pouvoir d'attraction. Des rues aussi grises que les costumes, une vie nocturne presqu'inexistante excepté lors des fêtes obligatoires décrétées par le parti, l'ennui mortel de Berlin-Est comparé à la liesse de Berlin-Ouest : lorsque ces images se sont imposées en Occident, c'en était fini des rêves suscités par l'existence du « socialisme réel ».

Mai 1968 a été une tentative pour donner un nouveau réel aux espérances de gauche : un réel fait de plaisirs purs, libérés des désirs monnayés par la société de consommation autant que de la tristesse institutionnalisée de l'autre côté du rideau de fer. Ce mouvement n'avait pas l'ambition de reconquérir l'hégémonie culturelle de la gauche. Il faisait paraître son avantage sensuel.

Les désirs politiques ont besoin d'une contre-épreuve dans le réel. Sans cela, ils se condamnent à l'abstraction. Dans les termes de l'ancienne dialectique : la vraie liberté résulte de la nécessité. Aujourd'hui, une grande partie de la gauche retrouve le chemin de cette dialectique entre nécessité et liberté à travers les effets on ne peut plus tangibles du réchauffement climatique : soit l'humanité « bifurque », soit elle meurt. L'urgence écologique constitue en effet une contre-épreuve qui, pour la première fois depuis longtemps, inscrit dans le réel (celui d'une nature dévastée par le principe de rendement) la nécessité de transformer en profondeur les logiques du capitalisme. L'écologie politique rend à nouveau les solutions de gauche sérieuses, c'est-à-dire non seulement désirables, mais réalistes.

C'est le moment de ne pas se tromper de dialectique, et de ne pas confondre le sérieux avec l'esprit de sérieux. Quand la crise écologique devient prétexte au catastrophisme, on rejoue la version dogmatique de la dialectique de l'histoire, même si l'on en modifie les termes. Le catastrophisme ne repeint pas un ailleurs en paradis pour mieux faire paraître l'enfer qui règne ici, il s'appuie sur l'enfer qui s'annonce ici pour démontrer la nécessité impérieuse d'un ailleurs. Si l'enfer imminent équivaut à la fin du monde, tous les moyens sont bons pour l'éviter. Or, rien ne garantit que les mouvements démocratiques seront les mieux placés pour mettre en œuvre les moyens efficaces de réaliser un objectif aussi minimaliste que la survie. S'il ne s'agit que de retarder l'apocalypse, les mesures autoritaires ont fait leurs preuves. Les états d'urgence qui se multiplient depuis quelques années en sont un signe parmi d'autres.

*

Si la bifurcation doit avoir lieu, et elle le doit, mieux vaut convaincre qu'elle sera libre et joyeuse. Pour cela, il faut recourir à une autre dialectique que celle qui mesure chacune de nos allégresses à la catastrophe qui vient. Le catastrophisme reproduit la logique du divertissement : il présume que la honte est le chemin le plus court vers le salut. Certes, il y a aujourd'hui des raisons d'avoir honte de porter des vêtements fabriqués par des enfants réduits en esclavage à l'autre bout du monde. Des raisons, aussi, d'avoir honte de prendre l'avion comme on prend le train ou de manger avec gourmandise sans égard pour le prix de cette nourriture en matière de souffrances. Des raisons, enfin, d'avoir honte de ses privilèges quand ils cumulent l'exploitation sociale, les discriminations raciales et l'indifférence aux menaces qui pèsent sur les écosystèmes de la planète. Une question demeure néanmoins : que peut-on faire d'utile avec ces hontes ?

En un sens, la réponse est évidente : on peut travailler à édifier un monde où ces hontes n'auront plus lieu d'être. Mais pour mobiliser l'énergie nécessaire à ce travail, il faut miser sur les émotions qui rendent les consciences heureuses sans pour autant les rendre satisfaites. Dans un très beau texte, Virginie Despentes oppose à la culpabilité de gauche (noble, mais impuissante) l'impératif de « nourrir la faculté de désirer autre chose ». En peu de lignes, elle montre que cette faculté se développe à la faveur de plaisirs qui rappellent que, même dans les régimes capitalistes, les corps ne sont pas condamnés à collaborer avec l'injustice.

> Nous sommes en contact permanent, le procédé que la pandémie rend visible sous forme de contagion, il est temps d'en prendre conscience sous forme de guérison. Chaque fois que tu as le courage de faire ce qu'il te convient de faire, ta liberté me contamine. Chaque fois que j'ai le courage de dire ce que j'ai à dire, ma liberté te contamine. [...] Même si nous occupons moins de surface spectaculaire, nous sommes en position de force. Car nous faisons déjà l'expérience de vies différentes dans des corps différents qui ne nous font plus honte. Nous modifions nos vies, nous modifions les discours, nous modifions l'espace de notre seule présence et c'est la joie que nous en tirons qui fait de nous des corps collectifs révolutionnaires[1].

1. Virginie Despentes, Lecture au Centre Pompidou, 16 octobre 2020 (disponible sur www.rencontredescontinents.be/IMG/pdf/despentes_pompidou.pdf). Je remercie Julien Tricard de m'avoir signalé ce texte.

Avoir plus d'un seul corps et faire usage de cette pluralité, c'est revenir à ce qui est l'essence même du plaisir : sa démesure. Souvent citée comme un argument à charge contre ce sentiment, son absence de limite assignable est pourtant ce qui le rapproche le plus de la liberté. Lorsque Platon affirme que le plaisir appartient à ce genre de réalités qui « engendrent le plus et le moins, et font disparaître la quantité définie[1] », il n'est pas très loin de faire de cette émotion un synonyme de la raison elle-même. Le plaisir partagé et « contaminant » pour la liberté des autres n'est certes pas le synonyme d'une raison qui calcule en identifiant la jouissance aux bénéfices individuels qu'elle promet. Il démontre plutôt l'irrationalité de cette « raison » obsédée par les frontières définies et toujours prompte à séparer les corps pour les convaincre de leur impuissance.

La démesure du plaisir n'entre pas non plus en contradiction avec une nature dont nous savons désormais que ses ressources sont limitées. Dans un monde social fondé sur la dureté, cette démesure peut parfaitement prendre la forme de l'attention et de la douceur, y compris à l'égard du vivant. La séparation morale entre la sobriété et l'ivresse n'a aucune importance ici. Politiquement, seules importent les émotions qui ne soumettent pas les corps à l'ordre des « quantités définies ».

On ne sait jamais où un plaisir partagé nous mènera : contemplation d'un lever de soleil ou gueule de bois ? Société libre ou apocalypse ? On sait, en

1. Platon, *Philèbe*, 24b.

revanche, d'un savoir sensible et intime, qu'Éros déplace les limites imposées par le principe de réalité. Ce qui apparaissait impossible hier est advenu aujourd'hui. Les plaisirs démesurés, c'est-à-dire mesurés par autre chose que par le principe de rendement, n'ont pas disparu comme par désenchantement dans les sociétés de la consommation et de la sexualité virtuelle. Ils sont encore là, d'autant plus nombreux que l'impératif du calcul permanent a démontré aux yeux de la plupart des individus ses liens avec la tristesse.

En politique, les seules expériences prometteuses sont celles d'où la terreur et la honte sont absentes. Si elle s'en souvient, la gauche découvrira peut-être que même minoritaire dans les esprits, elle demeure majoritaire dans les corps.

Table

AVANT-PROPOS 9

CHAPITRE PREMIER. Un objet politique ? 29

Actualités du plaisir 34
Le goût des *Valseuses* 40
Un problème de riches ? 44
Le sérieux du divertissement 53

CHAPITRE II. Réaliser le paradis dans les conditions de l'enfer 65

Le plaisir comme « privilège » 72
Changer sa vie sans transformer le monde ? 82
La tentation ascétique 96

INTERMÈDE. Portrait du réactionnaire en bon vivant 111

CHAPITRE III. Le sexe, entre représentation et événement 129

Les ambiguïtés de la représentation 134
Un miracle dans une vie de chien 141
Le libéralisme sexuel, un libéralisme autoritaire 149
Du plaisir des femmes au désir de tous 160

CHAPITRE IV. Les pavés et la plage 171

Extension du domaine de la violence 175
Rire : la conscience heureuse et la critique 184
Jouer : le sérieux sans son esprit 195
Ambivalence et dialectique 208

ÉPILOGUE 219

Composition et mise en pages
Nord Compo à Villeneuve-d'Ascq

Achevé d'imprimer en janvier 2022
sur les presses de Normandie Roto Impression s.a.s.
61250 Lonrai
N° d'impression : 2106324

Imprimé en France